トマス・アクィナス『神学大全』

稲垣良典

講談社学術文庫

はじめに――『神学大全』をどう読むか

Ｉ　第一章「挑戦の書としての『神学大全』」という表題を見て意外だと感じられる読者――とりわけ、すでに『神学大全』やその著者トマス・アクィナスについて学ぶか、あるいは何らかの知識をもっている人々の場合――が多いかもしれません。あの中世スコラ学の最盛期を飾る信仰と理性を総合する大著は、ゴシック大聖堂と同じように感歎の目で眺められたり、百科事典のように情報源として利用され、あるいはカトリック教会の教義を諸々の異端思想の攻撃から擁護する防壁として頼りにされることはあっても、読む人に知的な挑戦をつきつける、つまり中途半端で安易な立場に安住せず、徹底的に探究せよ、という挑戦がそこに読みとられる、とは考えにくいからです。

実は私も六十数年前に、卒業論文を書くために大学の図書館で『神学大全』の原典を手にしてから、ずっとこの書物とつき合い、部分的には暗記するくらい繰り返し読んだのですが、「挑戦の書」という読み方があるのではないか、と気づいたのは最近のことです。『神学大全』を一冊の書物として、著者は何を伝えたいと望んでいたのか、できるだけくみとりながら読むと、知的な挑戦、限りなき知的探究への招き、がいたるところで感じとられるのです。「一冊の書物」という言い方は、日本語版では四五冊になってしまう分量の著作には釣り合わないようですが、一挙に全体を通読するというのではなくても、この書物を著者の意図を尊重しながら読むためには、全体を、一つのまとまりのある「語り」として読むことが必要だと思うのです。私の場合、三〇年ほど前、翻訳のため『神学大全』第三部を丹念に読むようになってから、「神学者トマス」の語る言葉のうちに、「信仰の神秘」というか、「キリストの愛」のうちに文字通り生きている「修道者トマス」の生の声が聞き取られる感じが強まり、そこから『神学大全』を一冊の書物として読むという姿勢が生まれてきたように思います。

もちろん、この読み方を唯一のものとして押しつけるつもりはありません。研究者はもっと突き離した態度で、批判的に読むべきだという意見もあるでしょうし、百科事典的な読み方も有益かもしれません。他方、トマスを読むためには、彼が語っていることをばらばらなままでどれほど念入りに分析し、解釈しても目的をとげることはできないと思います。そのためには、彼が語っていることがらが或る一つの中心へと収斂《しゅうれん》してゆくのをつきとめるような仕方で読むことが必要で、それがここで言う「一冊の書物として」読むことだと思うのです。

Ⅱ　ここで『神学大全』とその著者について不案内な読者のために、基本的な事実を記しておきます。著者トマスは一二二五年頃、ローマとナポリのほぼ中間、ロッカ・セッカの山城で領主アクィノ家の三男として生まれ、一二七四年、旅の途中で生地から程近いフォッサノーヴァのシトー会修道院で死を迎えました。その生涯は初等教育をロッカ・セッカのすぐ南のモンテ・カシーノのベネディクト会修道院で受けた後、ナポリ、パリ、ケルンで学び、パリ、ローマ（近郊もふくめ）、ナポリで教えることで終わった、と要約できます。しかし、このような知的探究者、神学と哲学の分野において、彼の同時代人にも（時として危険視されるほど）その革新性を強烈に印象づけた学者・研究者としての活動と重なっているのが修道者としての生き方に徹した彼の生涯です。

トマスはナポリ大学在学中に、アシジの聖フランシスコを指導者とする「小さき兄弟修道会」（通称「フランシスコ会」）と並んで、一三世紀における福音的運動の主要な推進力であった、スペイン出身の聖ドミニコによって創設された「説教者修道会」（通称「ドミニコ会」）に、家族の強い反対を押しきって正式に入会します。彼はこれに先立って約一〇年、モンテ・カシーノ修道院で過ごした少年期に抱いた修道生活への使命感が、福音の理想へと捧げられた生活のなかで真理の探究を行い、その成果を広くわかち合うことをめざすドミニコ会において達成されることを確信して、この道を選んだと思われます。そのことは、『神学大全』第三部でキリストの生涯について考察したさいに、キリストの生き方は「（真理につい

ボッティチェリ画のトマス・アクィナス像

て）観想したことを他の人々に伝える」という、ドミニコ会のモットーそのままだった、と言明していることからもうかがえます。

知的探究と修道生活はトマスのうちでどのように結びついていたのか、彼自身の最終総括とも言える臨終の言葉――この言葉はその場にいた人々によってトマスその人のものであることが後で公に証言されています――は次のようなものでした。トマスは死の直前、聖体（キリストの体であるとされるパン）を授けられるにさいして「わが魂の贖《あがな》いの価《あた》いにしてわが旅路の糧であるキリストよ、いまわたしはあなたを受けたてまつる。わたしが学び、夜を徹してめざめ、労苦したのはすべてあなたの愛のためであった」と語ったというのです。これはまぎれもない愛の告白ですが、私には愛について説明する資格はありませんので、ここではただトマスが書いたものをトマスの思想として理解するためには、彼の知的探究の根源であり終極であるこの「愛」を重視する必要がある、ということだけ強調しておきたいと思います。

Ⅲ 『神学大全』（原語は *Summa Theologiae* つまり「神学《テオロギアエ》の要綱《スンマ》」）はトマスの主著とされており、実際その通りなのですが、「主著」と呼ばれるにしてはかなり不釣り合いと思われる点もいくつかあります。第一に、この著作は著者が序文で明言しているように初心者のための入門書です。しかも、大学の神学部で学問的に神学を学ぼうとする初学者ではなく、そのような専門的教育・研究とは縁のない普通の修道士たちのための入門書として書かれた

トマスが５歳から約10年間、幼時・初等教育を受けたベネディクト会モンテ・カシーノ修道院

トマスが生まれたロッカ・セッカ城跡

ジャコバン教会（トゥルーズ）のトマスの墓

トマスが死を迎えたフォッサノーヴァのシトー会修道院

ものなのです。第二に、この著作は未完成です。トマスは死去の三ヵ月ほど前に突然、「わたしにはもうできない」と言って口述筆記を打ち切ったのですが、それは疲労のためというよりは、新たに手にしたヴィジョンにくらべるとそれまで書いてきたものは「藁《わら》くず」に等しく、著述の続行は無意味だと覚《さと》ったからです。ということは、『神学大全』はたんに未完結というだけでなく、著者の目にはまったく未熟なものだったわけです。第三に、『神学大全』は全体で五一二の問題をふくんでいますが、書名が示す通り、この著作の主題は「神」である、とトマス自身明言しているにもかかわらず、人間について考察する第二部に三〇三の問題があてられ（残っている写本の数から見ても、この部分が最も広く読まれたようです）、外見上はバランスを欠くという印象を与えます。

実は、この後の各章で繰り返し指摘することになりますが、『神学大全』には構造的にも、議論の進め方（たとえば唐突な飛躍と思われる論証）にも、また内容的にも、読者を驚かせる意外な要素が数多くふくまれています。それらは『神学大全』と著者トマスについて広まっている偏見や虚像と、読者が新たに発見する実像との間の落差から生ずる意外さというよりは、さきに述べたような意味で『神学大全』を一冊の書物として読むときにはっきりと感じとられるもので、それを私は「挑戦の書」という言葉で言いあらわそうとしたわけです。

Ⅳ　『神学大全』は三部から構成され、トマス自身「第一に神について、第二に理性的被造物（人間）の神へ向かう動きについて、第三にキリスト——人間であるかぎり、われわれにとって神へと向かう道である——について論ずることになろう」と解説しています。第一部は一一九、総論と各論から成る第二部は三〇三、第三部はトマスが中途で執筆を断念した箇所までの九〇問題をふくみ、各々の問題は通常数個の「……であるか」という問いの形をとる項から成り立っています。したがって、『神学大全』という著作はいわば二六六九個の問いから成る巨大な探究の書であるわけです。

各々の項は、中世の大学において講義と並ぶ主要な授業形式であった「討論」の特色を生かした論述形式をとっています。初めにいくつかの「異論」が提示され、続いてそれらと対立する（通常は）一つの「反対異論」が紹介されます。問われている事柄をめぐるこうした対立ないし内的な緊張をはらむ問題状況をふまえた上で「私は答える」という言葉で始まる「主文」で解答が示されるわけですが、それは最終的な解決ではなく、それまでの探究にまつわりついていた曖昧《あいまい》さや不明確さを克服することによって、問われている事柄自体へとさらに迫るための一つのステップとして位置づけられます。最後に主文で確保された新たな視点から異論を捉えなおす「異論解答」が述べられ、そのことによって探究をさらに先へ進めるための態勢が整えられることになります。中世大学の「討論」は、騎士の馬上槍試合にたとえられることがあり、実際に貴族、貴婦人、市民たちが見守るなかで論戦が繰り広げられることがあったようですが、本来的には対立する立場が火花を散らして対決することを通じて、真理の探究が最も効果的に遂行されることを意図した共同研究の一つの形式だったわけで、トマスも『神学大全』のなかでそのような「討論」の精神を生かして探究を行ったのだと思います。

V 『神学大全』の内容の紹介や解説に立ち入ることはやめて、ここではトマスがこの書物で神学というものをどのように理解していたかについて述べることにします。「神学」は「学」(scientia) なのか、どんな意味で「学」なのか、という問題はトマスの時代、盛んに論じられましたが、トマス自身が一貫して「学」であると主張したことはよく知られています。神学は論証によって確立される確実な知識 (scientia) から成り立っており、そこで論じられ、主張されることは、すべて明確に真・偽が区別される、という意味で、たしかに神学は「学」である、と言えます。しかし、見落としてはならない点は、「神学」と呼ばれる「学」(scientia) は神自身に帰せられる「知」(Scientia) にもとづくものである——光学が幾何学に、音楽の学が算数学にもとづくように——と彼が主張していることです。ところで神の知は、それ自体としては誤ることはありえないので最高に確実ですが、人知を無限に超えているので、その真理は信仰によって肯定するほかなく、その点では神学は人間理性が自力で獲得し、確保する学のような確実性をもちえないことをトマスは認めています。ですから、神学は学であるかぎり、誰でも適当に知性を働かせることで学び、理解することができるのですが、「神の知」にもとづく学であるという点では人間理性によって探究される他の諸々の学とは根本的に区別される、と彼は考えていたわけです。

次に、神学の主題である「神」について述べます。トマス自身、「一なる神」「三位一体なる神」「存在そのもの」などの概念を使用し、単純性、完全性、無限性、不変性、永遠性など、神が「何」であるかを示すと思われる概念も考察しますが、このように神とは「何か」と問う視点というか、レベルにとどまるかぎり、トマスがここで関わっている「神」そのものに触れることはできないことを強調したいと思います。なぜかと言うと、「何か」という問いを徹底させることであかるみに出てくるのは、神は「何」でないかという否定、あるいは無知の自覚だけだからです。トマスもこのことを極端と言えるほどの強い口調で確認しています。

神秘的体験の表現ならば、このような「否定神学」だけに徹して、「神は無である」と言ってもよいかもしれませんが、否定に豊かな意味を与えてくれる、より大いなる肯定がなければ「学」としての「神学」は成立しません。そして『神学大全』は「否定神学」の立場を徹底させながら、神に関わるより大いなる肯定の道を開いているのです。その一つは、トマスが「五つの道」と呼んでいる神の存在論証のすべてが「これを万人（あるいは「われわれ」）が神と呼んでいる（神と理解している）」という言葉で結ばれていることが示すものです。この言葉はトマスが、万人の精神のうちに、いかに漠然としたものであろうと、神の認識が刻みこまれていることを前提していることを示しており、実際に彼はそのことを繰り返し明確に認めています。ここで言う神の認識とは「神は何であるか」と問うときのような概念的な明確さをもつものではなく、むしろわれわれが心の底から、無条件に「善い」と悦び、肯定するときに、われわれの心を照らしている光にあたります。実は、このような自然本性的とも言える神の認識を前提しないかぎり、神は在るのか、何であるのか、と問うこと自体、意味をもちえない、というのがトマスの立場なのです。

もう一つは、人間となった神というキリストの神秘、言いかえると真の人間であるキリストは真の神であるという神秘を、信仰をもって肯定することによって開かれる道です。それは概念的な明確さを超えた、キリストの学び、キリストのように生きることを通じて開示される神の認識への道です。『神学大全』における神の考察はこれら二つの根源的な神の認識の間に開かれる「場」で行われているわけで、トマスは人間本性に植えつけられている神の知を前提しながら、キリスト自身のうちにある完全な神の知をめざす限りない探究を自ら行いつつ、その同じ探究に読者を招いているわけです。『神学大全』を著者トマスの意図をくみとるようにつとめながら一冊の書物として読む、ということは、このようなトマス自身の探究の在り方をたえず頭に置きながらそこに書かれていることを理解しようと試みることだと思います。

Ⅵ　『神学大全』をどう読むか、色々と可能な選択肢があるなかで私の提案は以上の通りですが、最後に予想される手強《てごわ》い疑問に向き合うことにします。それは「提案はわかったが、そもそも七五〇年も昔のキリスト教神学の入門書を読むことに何のメリットがあるのだ」という疑問です。トマスとほぼ同じ時代の道元《どうげん》や親鸞《しんらん》の書物をただ昔のものだという理由で無視する人――よほど進歩の幻想にとりつかれていないかぎり――はいないと思われるので、ここでの疑問の重点はキリスト教、それも宗教改革以前の中世のキリスト教に向けられている、と言えるでしょう。しかし、トマスの頭にあった「神学」（彼自身は「聖書」〔Sacra Scriptura〕と同じ意味の「聖教」〔Sacra Doctrina〕という用語を用いています）とは「教える神」の言葉に耳を傾けながら限りなくおし進められる知恵の探究であり、それ以上でも以下でもありませんでした。ですからここで「キリスト教神学」と言うときの「キリスト教」という形容詞は、たしかにトマスのパーソナルな選択をあらわしており、知恵の探究としての神学を、全面的にキリストに聴き従うことによって行う、という意味です。裏から言えば、それは党派性とか護教といった性格とはまったく無縁なものです。

他方、トマスの言う「神学」はその全体が知恵の探究であり、そして知恵のみがわれわれに人間の幸福をあきらかにしてくれるのですから、知恵の探究はそのまま真実の幸福への道を切り開く営みにほかなりません。言いかえると『神学大全』における知恵の探究は、トマスという一人の人間が、人間であることを学び、人間であることの完全な実現――それが「幸福」の意味です――をめざして行ったパーソナルな探究の記録であり、キリスト信者であろうとなかろうと、人間であることを真剣に受けとめる者にとってはけっして無縁な書物ではないと思うのです。

目次

トマス・アクィナス『神学大全』

トマス・アクィナス『神学大全』

第一章　挑戦の書としての『神学大全』

I　トマス・アクィナスの大著（opus magnum）『神学大全』をあらためて一冊の書物として読んでみると、これまで中世スコラ神学の集大成、神学的百科全書、ゴシック・カテドラルと並び聳《そび》える知的・学問的建造物[1]……というふうに呼びならわされてきたこの著作のまったく別の顔——それが素顔だと思うのだが——が姿を現す。

ここで「一冊の書物として」と断ったのは、『神学大全』はフォリオ判の重く、大きいレオニナ版で九巻、最新のラ・英対訳ブラックフライヤーズ版で六一巻、邦語版で四五巻を数え、一冊の手にとって読む書物というイメージからは程遠いからである。ただし、一九六二年、コンパクトな一巻本の『神学大全』がサン・パオロから出版され、書物としての『神学大全』のイメージは大きく変わった。

『神学大全《スンマ》』の素顔とは、この書物の著者自身が意図し、構想し、実現しえたかぎりでの作品、あるいは著者がこの書物の読者に伝えたいと望み、現実に伝えているメッセージ、である。言いかえると、われわれが著者の意図を忠実にくみながらこの書物を読もうと試みたときに、われわれがそこで摑《つか》みとるはずのものである。では、それはどういうものか？

私は、それは「挑戦」と呼ぶのが最もふさわしいと思う。たしかにこの書物はわれわれに

「挑戦」をつきつけている。どんな「挑戦」かと言えば、「探究せよ」と迫る「挑戦」である。探究への呼びかけ、招き、励まし、うながし、道案内の提供と言うべきか、という気もするが、やはりそう言ったのでは足りない緊迫感が著者の意図から感じとられるので、あえて過激に響くかもしれない「挑戦」という言葉を選んだ。「挑戦」はこの書物の根本的な性格をぴったり言いあてている。つまり、『神学大全』は何よりも「挑戦の書」なのである。

Ⅱ　ところで、『神学大全』を「挑戦」の書と呼ぼうとする場合、現代のわれわれがこの書物を「挑戦」として受けとめることの当否に先立って、著者トマス自身は約七五〇年前にこの書物を果たして「挑戦」として書いたのかどうか、ということを問題にしなければならないであろう。では、トマスはこの書物を「挑戦」として書いたと言えるのか、言えるとしたらいかなる意味においてか。トマスの生涯と活動をふりかえると、トマスが「挑戦」したというよりは、トマス自身が様々の「挑戦」の矢面《やおもて》に立たされた、というのが真相のようである。たとえば、トマスは約一〇年の間をおいて二度パリ大学神学部教授の職にあったが、二度ともパリ大学から修道会、とくに托鉢修道会に属する教授を追放しようとする勢力の挑戦に対して応答しなければならなかった。まず、一二五六年、就任式はすませていたが教授団によって承認されていなかったトマスは、サンタムールのギョームの『近時の危険について』(*De Periculis Novissimorum Temporum*)という激越な挑戦的文書に答えて『神の礼拝と修道生活を攻撃する者どもに対して』(*Contra Impugnantes Dei Cultum et*

Religionem）と題する論争的著作を発表している。また一二七〇年には、アベヴィユのジェラールによる過激で根本的な托鉢修道会非難の挑戦を受けて、『霊的生活の完全性について』（*De Perfectione Vitae Spiritualis*）と題する、時として感情のあらわな表現をふくむ論争的著作を発表した。

このほかにも、トマスは彼の時代の重要かつ緊急な知的課題であったアリストテレス哲学の受容、およびそれとの対決をめぐって、前面と背後の両側から挑戦されていた。前面の論敵はブラバンのシゲルスに代表される過激なアリストテレス学派、いわゆるラテン・アヴェロエス派であり、背後の論敵はボナヴェントゥラをいわば後楯、ジョン・ペッカムを先鋒とするフランシスコ会学派である。前者に対しては『知性の単一性について――アヴェロエス派に対して』（*De Unitate Intellectus contra Averroistas*）、後者に対しては『世界の永遠性について――つぶやく者どもに対して』（*De Aeternitate Mundi contra Murmurantes*）と題する論争的著作が書かれている（ともに一二七〇年[2]）。

Ⅲ　しかし、トマスに対してつきつけられ、彼が応答したこれらの挑戦は、重大で緊急なものであったとは言え、キリスト教世界（christianitas, respublica christiana）あるいはカトリック教会内部の、特殊的で一時的な出来事であった。われわれは、これらの挑戦に気をとられるあまり、それらとは比較にならぬほど大きい、キリスト教世界・カトリック教会そのものにつきつけられた挑戦（むしろ挑戦以上のもの――キリスト教世界にとっての危機）

を見落としてはならないであろう。それこそ、トマスが修道士・神学者としての生涯の全体を通じて直面した、というよりは、むしろ進んでそれと取り組み、格闘した挑戦である。それはキリスト教、というよりキリストの福音を真理として受けいれず、それに従って生きることを拒否する人々、「不信仰者」(infideles)と総称される人々によってつきつけられている挑戦である。実はトマスの「神学的総合」と呼ばれる著作(修業時代の『命題論集註解』は別として……ただしトマスはかなり後までこの著作を書き直す計画をもっていた)は、この挑戦に対する応答、あるいはトマスの側からのこの巨大な重圧、あるいは脅威に対する挑戦として書かれたものである。

このことは『命題論集註解』に続く第二の神学的総合の著作『対異教徒大全』(一二五九―一二六五年)の場合、明白かつ容易に確認できる。この著作は、一四世紀初めのペトルス・マルシリウスの年代記にもとづき、ペニャフォルトのライムンドゥス(当時バルセローナで活躍)の要請に応じて、スペインでイスラム教徒たちと接触していたドミニコ会宣教師たちの活動を支援するためのマニュアル、ハンドブックとして書かれた、との説が流布してきた。しかし、この年代記の記述の正確度を問うまでもなく、そもそもそこにはイスラム教徒を名指す言葉は使われていないし、さらにまたこの著作で示されているトマスのイスラム教理解は(当時のレベルから言っても)かなり貧弱であって、到底、マニュアルとして通用するものではない。したがって、トマスがイスラム教徒たちの間で活動する(同僚ドミニコ会員の)宣教師たちのためだけにこの書物を書いたのではないことは明白である。

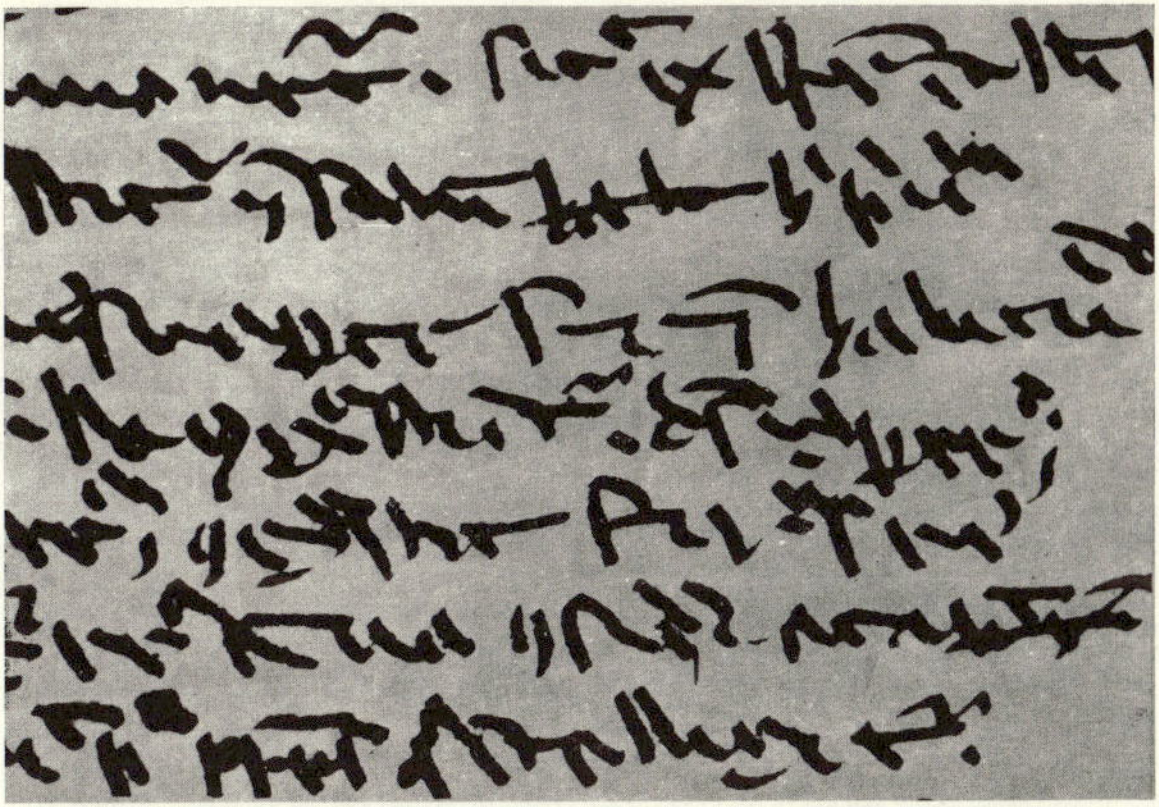

トマスの筆跡（『対異教徒大全』〔部分〕）

ではこの著作の表題で Contra Gentiles, Contra errores Infidelium と言われるときの異教徒 (Gentiles)、不信仰者 (Infideles) とは正確には何者なのか？ それはさきに触れたように、人間として生きるにあたって、そしてそのために必要な知恵と真理を探究するにあたって、キリストの福音を唯一の「道、真理、いのち」(『ヨハネ福音書』第一四章第六節) として受けいれることを拒否する人々の総称である。トマスはそのような人々による「福音の否認」をいわば巨大な挑戦として受けとめ、それとの取り組みを修道士、神学者としての自らの中心課題として引き受け、『対異教徒大全』を書いたのであった。[3]

IV　では『神学大全』の場合はどうか。一見、この著作は「挑戦」という言葉とはいっさい無縁であり、むしろ円熟した知恵による秩序づけと総合の作品、と評するのがふさわしいと思われるかもしれない。著者自身、それまでの神学（theologia）ないし聖なる教え（Sacra Doctrina）の入門書に見られた様々の欠陥をできるかぎり避けて、初学者たちを教導するのに有効かつ適切な聖なる教え（sacra doctrina）の入門書を書きたい、と序言で述べている。そこには「カトリック真理の教師」（doctor catholicae veritatis）としての職務を忠実に果たそうとする静かな決意は読みとられるが、挑戦に応答するとか、自らあえて挑戦する、という緊迫した感じは伝わってこない。

しかし、この印象は第一問題第一項で早々とくつがえされる。そこには、人間理性によって探究される哲学的諸学問のほかに、理性的探究の射程を超えて、神的啓示にもとづく何らかの教え、そして探究、すなわち聖なる教え（sacra doctrina）が、人間の救い（humana salus）のために必要だった、と記されているのである。humana salus の salus を「救い」「救済」と訳さないで「福祉」「幸福」well-being（ブラックフライヤーズ版）と訳してもよい。人間がよく生きるためには、理性を最大限働かせて知恵を探究するだけでは足りず、神的啓示、言いかえると信仰にもとづく知恵と真理の探究が必要だ、という主張は、すこしでも、人間としてよく生きることに気をくばる人間にとっては軽々しく聞き捨てにすることはできない。それはあきらかに、「人間理性の射程を超える知恵や真理の探究は不可能で無用だ」と確信している人々の「挑戦」に対する応答である。あるいはそのような人々と対決し、彼らにまさしく人間の福祉のために聖なる教え（sacra doctrina）という探究は必要だ、という「挑戦」をつきつけるもの、とも言えるであろう。

V　ここで、トマスが人間の救い・福祉のために必要であると「挑戦的に」主張している聖なる教え（sacra doctrina）――それは「神感にもとづく学」（scientia divinitus inspirata）（つまり「神学」）とも呼ばれている――について、それはどのような学（scientia）であり、教え（doctrina）なのか、はっきりさせておく必要がある。トマスの「神学」理解については多くの問題があるが、ここでは、一つの重大な誤解と思われるものに触れるにとどめる。それは聖書（Sacra Scriptura）とこの学との関係に関わる誤解である。『神学大全』を一冊の書物として読むことではっきりとわかることは、この書物は何よりも聖書を神の教え（sacra doctrina）として、神が語る言葉として読むための準備であり、導きである、ということである。広く誤解されているように、この学は、聖書にもとづきつつも、聖書の補足、付加、さらには聖書の代わりになるものとして人間理性が（アリストテレスを頼りに）つくりあげた作品、いわゆる「スコラ神学」ではない。それはまったくの誤解である。そうではなく、聖なる教え・神学（sacra doctrina）は聖書を著者（auctor）たる神の意図に忠実に読むための学びであり、探究である。[4] トマスは「聖書のみ」（sola scriptura）とは言わないが、聖書（scriptura）を真に聖なる書物（sacra scriptura）として読むためには、聖なる教え（sacra doctrina）という学び、探究が必要だと考えたのである。

言いかえると、聖書（Sacra Scriptura）も聖なる教え（Sacra Doctrina）も、そこで語り教えるのは教える神（Deus docens）であるかぎり、広い意味では聖なる教え（sacra doctrina）である。ただし、聖書（Sacra Scriptura）においては神が専《もっぱ》ら語り教えるのに対して、学としての聖なる教え・神学（Sacra Doctrina）においては、人間は教える神に耳を傾けつつ、いわばこの教えを十分に受けとめるために、教える神にすこしでも近づき、できれば教えの根源である神自身のなかに入ってゆくことを試みるのである。われわれは教師から学ぶとき、できるかぎり教師の基本思想、さらに知性そのものに近づき、そのことにもとづいて彼の教えを理解しようとつとめる。そのことによって、教師の教えをよりよく理解できるのである。教える神に近づくこと、まして神自身のなかに入ってゆくことはまったく不可能なこととも言えるが、人間の力では不可能なことを信仰という神の恵みに頼りつつ試みるのが聖なる教え・神学（sacra doctrina）である。

トマスが「聖なる教えにおいてはすべてが『神の視点のもとに』『神を根拠として』（sub ratione Dei）取り扱われる」[5]と述べるのは、このような聖なる教えの探究の根本性格を適確に言いあてているものである。たしかに聖なる教えにおいて、われわれは直接に神を見て、神のうちに（あるいは、神の目で）すべてを見るのではない。しかし聖なる教えが究極的にそのことをめざす探究であり、学であることは間違いない。そして、このような学が「人間の福祉のために必要だ」と主張するのは、ごく控え目に言っても「挑戦的」と言えるのではなかろうか。

Ⅵ

　ところで、『神学大全』における聖なる教えの根本性格を、聖書を聖書として、すなわち真実に（人間に語りかける）神の言葉として読むことへ向けての準備、そのことを可能にするような学、と解することは、トマス自身が述べている『神学大全』の著作構想ないしその内容構成と一致するであろうか。

　トマスは、この著作では「第一に神について、第二に人間の神へ向かう動きについて、第三にキリスト、（すなわち人間であるかぎりにおいて）われわれにとって神に向かうための道であるキリストについて論じることにしよう[6]」と述べている。また聖なる教えにおいて取り扱われる主題・事柄（subjectum‐materia）については「ものと徴《しる》し、恢復《かいふく》の業《わざ》、キリストの全体、すなわち頭と肢体」（res et signa, opera reparationis, totus Christus, id est caput et membra）とする説もあったが、聖なる教えにおいてはすべてが神の観点のもとに取り扱われるのであり、「神が真実にこの学の主題（subjectum）である[7]」と言っている。

　一見、聖なる教えを全体的に聖書へと秩序づけるわれわれの解釈は、このようなトマスの「聖なる教え」理解とは著しく異なっているように思えるかもしれない。しかし『神学大全』の三部構成が示しているように、トマスは聖なる教えの主題である神を、一貫して、イエス・キリストとの真実の、パーソナルな出会いをめざすことを通じて探究しているのであり、そしてイエス・キリストと真実に出会うためには聖書を聖書、すなわち神の言葉として読まなければならないのであるから、われわれの「聖なる教え」解釈は、「聖なる教え」の主題は神である、というトマスの言明と完全に一致するのである。

Ⅶ　しかし、われわれの「聖なる教え」解釈は別の問題を引き起こすのではないか。「聖書を真実に神の言葉として読むこと、イエス・キリストと真実に出会うこと」、そのことは必ずしも真理と知恵を探究するすべての人にとっての関心事とはなりえないのではないか。したがって、このような「聖なる教え」解釈は、『神学大全』を、すでに自らを「イエス・キリストに従う」ことへとコミットしている人々にとってのみ関心のあるものとしてしまうことではないのか。

この疑問に対しては、トマスが『神学大全』で構想し遂行した「聖なる教え」と呼ばれる探究は、たしかに信仰箇条から出発し、啓示・信仰によって新たに開かれた「場」における知恵と真理の探究であるが、その「探究としての」意義、価値、そして「学」的性格は、聖書を神の言葉・啓示として受けいれる人々だけに限られるのではない、ということを強調したい。

聖なる教えはたしかに神感にもとづく学（scientia divinitus inspirata）であり、神の知（scientia Dei）[8]という上位の知・学に依存する学である。しかし、この学を探究する人間理性は、あくまで人間理性として探究を遂行するのであり、神感あるいは啓示を視野に入れない人々の理性と、理性であるかぎりいささかも異なるところはない。聖なる教えは知恵と真理の探究であるかぎり、神の啓示を前提としない他の諸々の探究と、探究としては同列にあり、いわば同じレースを走る仲間であり、ライバルなのである。

『神学大全』における聖なる教えについてのこのような解釈は、信仰と理性、あるいは神学と哲学の違いを無視する暴論と受けとられるかもしれない。おそらく多くの人が「信仰を共有しない者にとっては、信仰にもとづく学としての神学は理解できず、無意味である」という極まり文句を、あたかも「自明の理」であるかのようにつきつけるかもしれない。しかし、私の考えでは、この「自明の理」は実は体験を事態そのものと取り違える「体験至上主義」とも言うべきものの自己表現にすぎない。聖なる教えは学であるかぎり、現実に、いかなる人によっても学ばれ、理解されることが可能である。

聖なる教えにおいて、信仰という超自然的な恵みは、人間理性の営為である学としての聖なる教えを、学として完成するものではあっても、その学的性格を破壊するようなものではない。恩寵は自然本性を完成するものであって、けっして廃棄するものではない[9]。聖なる教えは学（scientia）である、というトマスの立場[10]はこのことを含意するものであり、聖なる教えはけっして特定の人間だけの独占的・特権的「体験」ではないのである。

Ⅷ　実際に、われわれが『神学大全』を読んで強く印象づけられるのは、三位一体論にせよ、創造論、さらに恩寵論、受肉論、秘跡論にせよ、信仰をもって受けいれた啓示の真理については、それこそ「信仰のみによって」（sola fide）全面的にそれらを肯定するという態度を貫きつつ、信仰にもとづく理性的探究においてはけっして或る結論に安住することなく、限りなく探究をおし進めようとしていることである。信仰と理性は安易に妥協・調和させられたり、混同（たとえば信仰を証明しようと試みたり、信仰のみによって肯定されることを哲学的真理であるかのように主張する）されたりすることはない。むしろ、それらは極度の緊張をはらみつつ、また厳格に区別されつつ、信仰にもとづく理性的探究という営為そのものにおいて統一されている。

ここでわれわれは、いわゆる「スコラ哲学」、そしてとくにトマスの哲学に対して屡々《しばしば》与えられる次の批判がまったくの誤解にもとづくものであることを指摘しておきたい。たとえばバートランド・ラッセルは「神学者トマスが哲学する場合、結論はすべて彼が信仰をもって受けいれている教義において先取りされているので、彼を真正の哲学者とは認めがたい[11]」と言う。しかし、トマスが信仰をもって受けいれている真理は、探究を導く光、探究をどこまでもおし進めてゆくことを可能にし、またそのことをうながす支えであって、結論ではない。それは探究の真・偽を確定する規準ではあるが、探究それ自体の終点ではけっしてない。C・S・パースが指摘しているように、真実の哲学的探究にとって、科学的研究の場合と同じく、真・偽を確定する規準は不可欠であって、そのような規準・尺度のないところで行われる哲学的議論は、真理の探究というよりはむしろ強烈な個性の表現、あるいは特異な体験の物語に終始するのである。[12]

Ⅸ　次に現代のわれわれにとっても『神学大全』は本質的、根本的に「挑戦」の書であり、そこにこの書物の「現代的意義」がある、ということを示したい。しかし、その前に私が学生時代に読んだグラープマンの著作『聖トマス・アクィナス《神学大全》入門』[13]の一節を紹介することは意味があるように思われる。グラープマンは『神学大全』のうちには現代の研究者にとって洞察と示唆にとむ様々な学説が神学（教義、倫理、神秘）の分野のみならず、哲学（認識論、心理学、政治、法理論）の諸分野にも見出されることを詳しく述べた後で、次のように総括する。

しかし、『神学大全』が現代にとって有する最高の価値――それは同時に永遠的な価値であるが――は、その表題そのものが示しているように、その目標と内容、この著作の卓越した、高貴な筆者の知的生命の中核そのものを構成するものに由来する。それはまさしく彼の偉大なる目標、真実に偉大と言える唯一の目標、すなわち、彼の内的および外的な全生活を神へと秩序づけるために、信仰と理性の光のうちで、神とその業を、この地上で可能なかぎり最も深く、明らかに知るという目標にほかならない。そして、現世における神への絶対的な忠実さを通じて、永遠に、喪失のおそれなしに、神を顔と顔を合わせて直視し、所有するにいたる、という目標こそ、彼の知的生命の中核そのものを構成するのである。

『神学大全』がこんにちのわれわれにとって有する最高の価値あるいは根本的な意義は、この作品を生みだしたトマスの知的生命そのものに由来する、というこのグラープマンの見解は、彼が中世哲学、とくにトマスのたんなる歴史的研究者でなかったことを示している。そして、われわれがそのようなトマスの知的生命の中核、彼の全生涯にわたる、あるいは彼の生涯そのものであったと言える「探究」に親しく触れるとき、われわれはたんにそこから何か貴重なことを学ぶということにとどまらず、トマスの探究はわれわれに対して、一つの重大な「挑戦」として迫ってくる、と言えるのではなかろうか。

X　そしてトマスの「探究」が現代のわれわれにつきつける「挑戦」は、さきに言及した『神学大全』第一部第一問題第一項において淡々とした口調で言明されているあの主張にほかならない。それは人間理性のみによる探究の射程を超えて、神的啓示にもとづき・信仰の光に導かれつつ、知恵と真理を探究することが人間の救いのために、つまり人間が善く生きるために必要だ、という主張である。

そして、この主張が現代のわれわれに対してこのような探究を遂行するように迫る「挑戦」として迫ってくるかどうか、つまりこの「挑戦」の重さは、トマス自身が『神学大全』において行った探究の卓越性をわれわれが認めるかどうかにかかっている。つまり、トマスがこの書物で、人間の救い、人間の幸福とは何であり、人間はどのようにすればそれに到達できるのか、あるいは到達するためにはいかに生きるべきか、をめぐって論じていることは、同じような探究——知恵と真理の探究——をわれわれ自身も試みるべきだ、という選択をわれわれに迫るかどうか、である。

私自身は、『神学大全』における探究はそのような卓越性をそなえていると思う。第一部でトマスは、万人が、自らの全存在がそれに依存し、自らの生がそれへと秩序づけられていることを漠然と感じとっている存在の第一の根源、究極の目的としての神は、「存在そのもの」であり「一」であるという形而上学的理解から出発して、実は「存在そのもの」である神は万物に自らの存在を分与する愛と交わりの神であるという理解へ進む。第二部では人間が自らの救いと幸福をめざして自ら拓《ひら》き、形成する道としての徳は、究極的には愛であり、それは愛である神の本性に与ること、「神になる」(deificatio) ことであるという洞察が示される。第三部では、第二部で示された「神になる」道、すなわち人間本性を完成する道は、人となった神であるキリスト自身であることが示される。ただこの道の極みに希望される永遠の生命そのものについて語ることは、これまでの理性による探究で練り上げられた言語(神学的言語)によっては不可能であり、トマスが企てた探究は未完のままに残された。しかし、われわれに残されたトマスの探究の記録は、救い・幸福への道を歩むすべての人間にとっての道づれとなりうる、卓越した「人生地図」である、と言えるのではなかろうか。

XI　「挑戦」の書としての『神学大全』についてこれまで述べたことは、われわれがこの書物を実際に「挑戦」として受けとめる場合、まだ序の口にとどまっていると言うべきであろう。なぜなら、これまでのところでは『神学大全』がわれわれに、理性の限界内においてのみではなく、信仰の光によって開かれる場において知恵と真理の探究を遂行せよとの「挑戦」をつきつけていることの指摘にとどまって、この「挑戦」に応じて、われわれがこんにち遂行すべき探究の内容ないし方向についてはまだ何もあきらかにされていないからである。

ここでこの問題について詳しく述べることはできないので、私の見通しを三つの点に限って簡単に述べておきたい。第一は神の問題、あるいはむしろ「問題としての神」[14]である。神について論じることは、そもそも「神は不可知であり、経験の領域を超えているから神についての言明は検証不可能であり、無意味である」という通念の誤りを見てとること、そしてこの通念によってわれわれ自身がこれまで自らのまわりに張りめぐらせてきたヴェール、あるいは見えざる壁をうち破ることからわれわれの探究を出発させなければならない。ここで言う神は「哲学者と知者の神」、無用な仮説として破棄されるのが当然な理神論の「神」ではなく、われわれに親しく語りかける神、ユダヤ・キリスト教的伝統においては「アブラハム、イサク、ヤコブの神、イエス・キリストの神」と名ざされている神である。

第二は、この探究全体の基礎である「存在」理解の問題である。私は知恵と真理の実りある探究のためには、存在論の「ペルソナ論的転回」（personalist turn）[15]とも言うべきものが第一の急務であると考えている。「存在《ある》」を「知覚される」と同一視することの誤りは言うまでもないとして、「存在《ある》」をたんなる措定（position）、すべての「である」を捨象した後に残る空虚な「ある」と同一視する誤りから脱却しなければならない。むしろ「存在《ある》」とは最も根源的に、知と愛によって自らに完全に立ち帰るペルソナの「存在《ある》」であり、この「存在《ある》」の洞察ないし直観を回復するところから始まる存在論がわれわれの探究にとっての基礎にならなければならない、と考える。

第三は社会哲学ないし政治哲学における「共通善」概念の復権である。近・現代において支配的な社会観は、洗練—粗野の違いはあっても人間は自然本性的に利己的であり、人間が政治社会を形成して社会の秩序と安定のために権力の支配を甘受するのは必要と便宜にうながされてのことである、というものであり、そこには人間の社会的本性についての洞察が欠落している。これに対して、トマスが『神学大全』において提示する社会哲学は、人間はペルソナとして、すべての人間にとって共有可能な（communicabile）共通善（bonum commune）を自然本性的に欲求するのであって、このような共通善の欲求にもとづいて成立するペルソナの共同体（communitas）が人間社会の根本理念である、というものである。この人間社会のヴィジョンは、社会・政治問題をもっぱら欲望の充足、利害の調整、力のバランスなどの原則にもとづいて解決しようとする現代人にとって、視点の根元的な転回を迫る「挑戦」と言えるのではないだろうか。

第二章　神の問題――「五つの道」の意味

I　「神学」つまり「神」に関する「学」の主題は神である、と言えばほとんど同語反復のように響くかもしれない。言いかえると、そのような言い方は「神学」と呼ばれる学問についての情報としてはあまり役に立たないようである。しかしトマスは、彼の時代に広く知られていた、神学は「実在と徴《しる》し」「救いの業《わざ》」「キリストの全体」を取り上げ、論ずるのだ、という、説明としてよりわかり易く、魅力的でもある立場を斥《しりぞ》け、あえて神学の主題は神である、と主張している。しかも、すぐその後で、神学全体の主題であると言明したばかりの神について、「神は存在するか」という問題を取り上げるのである。

このことは、どのような探究においても、「何であるか」の探究に先立って、探究されるべきものが「あるのか」という確認が必要である、という意味では別に変わったことではないと言えるかもしれない。しかし、トマスの場合、ここで神学の主題であると言われる「神」は、たんに人間理性の光に導かれて到達された実在ではなく、人間理性の光の源泉である神的知性によって、直接に啓示され、信仰をもって肯定された「神」である。このような神的知性の光から確実性を得ている神学は、その確実性において諸々の思弁的（理論的）学を超え出るものである、とトマス自身述べている。[1] もしそうであるならば、そのように確実性において卓越した学が、主題である神について「存在するのか」と問うことにどんな意味があるのか。ここで言う神学は、トマス自身明言するように「哲学的神学」あるいは「自然神学」（ちなみにトマスには自然神学という考え方はない）ではなく、神の啓示（聖書）にもとづく神学であるから、その冒頭で「神は存在するか」と問うのは、実はきわめて奇妙なことなのである。

　われわれが「スコラ神学」あるいは「中世哲学」という言葉が呼び起こす色々な想念をふりはらって、長い間「トマスの神存在論証」として紹介され、論評にさらされてきた『神学大全』冒頭のこの問題に向き合うとき、あらためてこの問題がここに置かれていることの意味、それがわれわれにつきつけている挑戦について考えざるをえないのである。

Ⅱ　実を言うと、神存在の論証をめぐるトマスの立場を正しく理解するためには、彼が「神が存在するということの認識は本性的にわれわれに植えつけられている」[2]という根本的な前提を認めた上で論を進めていることに注意する必要がある。ところが、この前提はほとんどの場合、見落とされるか、あるいは「中世風」の独断として無視されているようである。

　言うまでもなく、「本性的にわれわれに植えつけられている」とトマスが言う神の存在に関する認識は、ごく一般的で漠然としたものであり、様々の混乱にさらされている。しかし、人間の本性にこのような認識が植えつけられていること、そのことは人間が本性的に幸福を追求する存在であることを認めるかぎり、けっして否定できない、とトマスは考えている。[3]つまり、人間がその本性の傾きによって幸福を求める存在であるならば、必然的に、人間は自らが根源的にそこから出て来て、究極的にそこへと行きつく存在としての神について（いかに漠然として混乱をふくんでいても）何らかの認識を有するはずだ、と言うのである。

人間の幸福についてのトマスの見解、とりわけ人間のうちにある最高善としての幸福への自然本性的な欲求に関するトマスの「逆説的」な見解については、またそれがこんにちのわれわれにつきつけている挑戦については後に述べることになるが、ここではとりあえず次のことを指摘しておきたい。それは、トマスによると、「神は存在するのか」とあらためて問うこと、したがってまた神は存在するということを確実に知ろうと試みること、つまり神の存在論証について語ることが意味をもつのは、実は、万人がこうした神の存在についての本性的な認識を共有していることを根本的に前提した場合に限られる、ということである。

このようなトマスの立場に対しては様々な異論が向けられるであろう。どのように一般的で漠然としたものであっても、神が存在するという認識が万人に本性的に植えつけられている、という主張はあきらかに事実に反する、と考える人が多いであろう。しかし、「わたしはどこから来て、どこへ行くのか」という疑問、というよりは心の深いところからわき上がってくる思いを抱いたことのない人はむしろ稀《まれ》なのではないか。そして「幸福」という言葉をP・ティリッヒの言う「究極的関心」（ultimate concern）[4]で置きかえるならば、誰しも自らの人間としての「生」の全体を成立させ、方向づけ、つき動かしている「究極的関心」があることを認めるのではないか。そしてこの「究極的関心」は、トマスの言う人間の本性に植えつけられた神が存在することの一般的な認識を、現代風に言いかえたものと解釈することが可能なのである。

Ⅲ　トマスは、万人の心に神の存在の認識が本性的に植えつけられていることを肯定したが、そのことによって神の存在について確実な知識を探究すること、つまり神の存在論証の試みが不必要、あるいは無意味なものになるとは考えなかった。トマスは「それ以上大なるものが考えられないもの」という神の名前を理解すれば、そこから直ちに神は実在することが確実に理解される、と主張するアンセルムス（Anselmus　一〇三三—一一〇九）のア・プリオリ証明[5]を斥けて、われわれにとってよりあきらかな事実から出発するア・ポステリオリ証明を提示した、というのが哲学史の通説である。それは誤りではないが、そのような説明ではトマスがこの問題に関して追究しようとしたことの意味は理解できない。トマスはたしかに「神は存在する」という命題は、われわれにとって自明的ではなく、われわれにとってよりあきらかな事実にもとづいて論証されることを必要とする命題である、と述べている。しかし、トマスが考えている論証は、注意して読めばわかるように、これで「神」が存在することが明確に、最終的に証明された、と言えるような証明——彼の一世代後のドゥンス・スコトゥス（Johannes Duns Scotus　一二六五頃—一三〇八）の証明[6]はまさしくそのような「証明」であった——ではなかった。この点に関して、過去のトマス註解者たち、そして現代の著名なトマス学者たちの解釈の多くは誤りであった、と言わざるをえない。

したがって、トマスが神存在の論証は必要であるという主張に続いて、神が存在するという論証は可能である、と論を進めるさいの「論証」の意味も注意して理解する必要がある。トマスは、論証には（それ自体においてよりあきらかな、端的に言ってより先なるものとしての）原因にもとづくものと、（われわれにとってよりあきらかで、われわれに関するかぎりでより先なるものとしての）結果にもとづくものの二種類がある、と言う。[7] そして、「五つの道」はこの後者、つまり結果にもとづく論証である。しかし、必然性をもって結論が導き出される論証、つまり厳密な意味での論証と言えば前者に限られることはあきらかである。

たしかに、結果にもとづく論証の場合でも、「何らかの」原因がなければならぬ、ことが示されるかぎりでは必然性が認められ、広い意味での論証は成立すると言える。しかし、その原因が「何であるか」というアイデンティティーはあきらかではないのであるから、この論証は、厳密な意味では原因が存在することの論証とは言えない。そしてトマスはそのことを十分に理解した上で、次に「五つの道」という名称で知られる彼自身の神存在論証を提示しているのである。

Ⅳ　結論

結論を簡単に言ってしまうと、通説でトマス独自の神存在論証として説明されている「五つの道」は、神学者トマスの頭にあった真実の神存在論証――彼自身はそのような論証をけっして試みなかった――とはまったく異なったものであった。「五つの道」は神学の主題である「神」が存在することを厳密な意味で論証しようとするものではない。そもそもトマスの考えでは、そのような神存在の完全な論証は、人間的認識の条件からいって不可能なのである。もしわれわれが神についてその「何であるか」を知っていたならば、「神は存在する」という命題は自明的な命題だったであろう[8]。その場合、われわれは神が存在することをこの上なく確実な仕方で知ることができる——なぜならそのときわれわれは「神を見ている」のであるから——のであって、論証のようなものが入りこむ余地はない、というのがトマスの立場なのである[9]。

このような解釈に対して、それはトマスが実際に述べていることを無視した暴論である、と反論する人が多いかもしれない。トマスは実際に運動変化（第一の道）、作動因の因果系列（第二の道）、可能的なものと必然的なもの（第三の道）、完全性の段階（第四の道）、諸々の事物の目的への秩序づけ（第五の道）など、われわれに身近な、明白な経験的事実の確認から出発して、第一の動かされない動者、第一作動因、自らによって必然的なるもの、存在をふくむすべての完全性の原因、あらゆる自然的事物を目的へと秩序づける或る知性的なもの、が存在しなければならないと結論づけているではないか、これが神存在論証でなくて何であるか、と主張する人が多いであろう。

しかし「五つの道」の議論を注意深くたどっていただきたい。たしかにトマスは「神が存在するということは五つの道によって証明されることができる」という言葉で議論を始めている。しかし、五つの道のどの一つをとっても「それゆえに神は存在する」あるいは「このように神が存在することが証明された」という結論は述べられていない。結びはすべて「これが万人が神と理解しているものである」「これを万人は神と名づけている」「これを万人は神と呼んでいる」「これをわれわれは神と呼ぶ」[10]というふうに、論証の結論にはふさわしくない曖昧《あいまい》な言葉である。これらの結論が示しているように、「五つの道」は、たしかに広い意味では論証であり、われわれの知性を、必然的に神と呼ばれる何らかの存在を肯定するように導くものである。しかしそれはけっして、端的な仕方で「神が存在する」という命題の真理を最終的・決定的に証明しようとするものではなかった、と言わなければならない。

V　ではトマスが「五つの道」でやろうとしたことは、より積極的に言えばどのようなことであったのか。まず、「五つの道」のすべての結論が示しているように、トマスは万人が（幸福を本性的に熱望する存在であるかぎり）有している神についての認識、つまり人間に本性的に植えつけられている神は存在するという認識は、けっして幻想や虚構ではなく、経験と理性によって裏づけられた、十分な根拠を有するものであることをあきらかにしようとしている。トマスは「五つの道」のなかでアリストテレスの議論、プラトン的な「分有」思想などを取り入れて、自らの議論が様々の立場をとる人々によって理解されるように配慮しているが、アンセルムスが『プロスロギオン』で、またドゥンス・スコトゥスが『第一原理について』で試みたように、神が存在するという真理を最終的、決定的に確証したと言えるような一つの論証を提示しようと試みてはいない。

次に『神学大全』の全体、そしてまたトマスの『神学』の営み全体のうちに「五つの道」を位置づけた場合には、次のことが言えるであろう。私が理解したかぎり、「五つの道」、すなわち「神は存在するか」という問いを立てた上で、経験と理性にもとづいてこの問いに正面から向き合い、徹底的に答えようとする試みは、つまるところ、「本性的に知ることを欲する人間[11]の知的探究は、万人が神と呼ぶ存在に到達することを必然的に要求する」ということを立証しようとする試みである。言いかえると、本性的に知ることを欲する人間は、まさしく人間として、神の問題、あるいは問題としての神に直面せざるをえない、ということである。つまり人間は何らかの仕方で神を知的な探究の最終的課題あるいは根本問題にせざるをえない、ということを「五つの道」は『神学大全』、つまり神を主題とする学問的営みの冒頭であきらかにしようと試みたのである。

ここでわれわれは、トマスが、人間に本性的に植えつけられている神の観念と、人間が自然本性的に欲求する究極目的ないし最高善としての幸福とを結びつけて考えていることの重要性に注目しなければならない。トマスは「神が存在するということの認識が本性的にわれわれに植えつけられているのは、（中略）神が人間の（本性的に欲求する）幸福であるというかぎりにおいてである[12]」と言う。人間が自らの究極目的あるいは最高善として追求する幸福とは神である、というトマスの幸福観についてはあらためて検討するが、幸福と神との結びつき、あるいは同一性ということが彼の神学の営みの全体を支え、導いている原理であることをここで確認しておく必要がある。

つまり、トマスによると「本性的に知ることを欲する」人間は、いわばその本性にかりたてられて知的探究の営みを行うのであり、そしてこの知的探究の営みは「万人が神と呼ぶ」存在に行きつくところまで進めなければならない。そうでなければ知的探究は中途で放棄されることになり、完全な意味での「知的」探究ではありえないのである。言いかえると、人間本性を原動力とする知的探究は、人間知性が、知りたいという本性的な欲求を完全に満たしてくれるような対象と出会うところまでおし進められなければならないのであって、そのような対象が「万人が神と呼ぶ」存在にほかならない、というのがトマスの考えである。そして人間知性がこのような対象に出会うとき、人間の本性的な欲求は完全に満たされ、いわばそこで最終的に憩い、悦ぶのであるから、この対象、すなわち神が人間の究極目的である幸福にほかならない、とトマスは結論する。

「神学」と呼ばれる知的探究は、人間が究極目的である幸福の実現へ向かって行う様々の働き——それは人間の「生」の全体である——の最高の部分に属するが、その一部にすぎず、それのみによって人間が幸福に到達することはできない。しかし、トマスにおいては神学もふくめて知的探究の全体が神——それへの到達において知的探究の営みが完全に成就される——をめざすものであり、とくに「神」を主題ないし対象とする神学においてそのことはあきらかであった。つまり、トマスにとって神学は、幸福へ向かって進められる人間の「生」の歩みから切り離された、何らかの知的建造物をつくりだすことを試みる知的探究ではなく、まさしく人間の真の幸福としての神への到達をめざす人間の「生」の営みそのものであった。このような知的探究としての神学――トマスはそれを「知恵の学び」と呼んでいる――が、人間の「生」の歩みとしての幸福の追求と合流し、神学の知的営為が完全に真の幸福としての神への道と合体していること、このことについて評価は分かれるであろうが、それがトマスの神学の顕著な特色であることは否定できない。

Ⅵ　通常の探究の順序で言えば、「神は存在するか」という問いの後には「神は何であるか」という問いが続くはずであるが、トマスは明確に「神についてわれわれはその何であるかは知りえない」ので、われわれは神については専《もっぱ》ら「神は何であらぬか、いかなる仕方においてあらぬか」を考察しうるにすぎない、と言う[13]。このように、神についての認識は否定を通じてのみ可能である、という基本的姿勢を堅持しながら、神は単純である、完全である、善である、無限である、万物において存在する、不変である、永遠である、など神にのみ帰せられることの可能な「属性」が枚挙され、最後に第一一問題で神は一であること（一性）が考察される。

トマスは「神が一であることは三つの点から論証される[14]」と述べ、神の単純性、無限な完全性、世界の一性という三つの点からして、神が「多」であることの不可能性、つまり多くの神が在ることは不可能であり、神は「一」でなければならないと結論する。問題は「神は一である」と言う場合の「一」の意味である。それはたしかに「多」の否定としての「一」であるが、けっして一、二、三……と物を数える場合の「一」ではないことに注意しなければばならない。神は単純であることが考察されたさいに、神は物体ではないことが真先に確認されたのであるから、神について物体、つまり量的なものが数えられるさいの「一」があてはまらないことは明白なのである。

では「神は一である」と言うときの「一」はどのように理解したらよいのか。トマスは「神は一である」ことを考察した議論の末尾で「そしてこれが神である」(Et hoc est Deus)[15]と言い切ることによって、明快にこの問いに答えている。「五つの道」はすべて、われわれを「万人が神と理解するもの」「万人が神と呼ぶもの」「われわれが神と呼ぶもの」まで導いてくれるところで終わっていたのに対して、その後に続く神のみに帰せられることの可能な諸々の「属性」を考察することを通じて到達された神の「一性」は、いわば神のアイデンティティーであり、「神と理解されるもの、神と呼ばれるもの」を指すにとどまらず、端的に「神」を指しているのである。言いかえると「神は一である」ことの論証は、「神は神である」という端的な（しかし同語反復ではない）肯定を可能にするものであり、そこでは「五つの道」よりはより完全な仕方で神存在の論証が成立していると言うことができるであろう。

言うまでもなく、「神は神である」と肯定することができるとは言っても、「神の何であるか」を完全に把握しているのではない、つまり神の本質を直視しているのではないから、それもまた否定によって根本的に限定された神の認識であることに変わりはない。実はトマス自身、第一一問題で「これが神である」という、神のアイデンティティーを捉えたとも受けとられる言明をしたのに直ちに続いて、次の第一二問題（神はどのような仕方で名づけられるか）においては、それと正面から対立するような仕方で、人間知性による神の認識が極度に制限された、否定的なものであることを強調しているのである。一つだけ例を挙げよう。

（知性の自然的光のみによる場合は言うまでもなく）恩寵の啓示によっても、われわれはこの世の生においては神について「何であるか」を認識することはなく、したがっていわば知られざるままの神に結ばれるにとどまる。[16]

この箇所にかぎらず、トマスの著作のいたるところに、人間による神認識の限界についておそらくこれ以上に否定的に述べることは不可能であろう、と思われるほどの否定神学的な言明が見出される。たとえば、「われわれが自分たちが神とは何であるかについて無知であることを知っていること、まさにそのことが神を認識することにほかならない[17]」、あるいは「神が何であるかは、われわれが神について認識するところをすべて超えていることを知っているかぎりにおいて、おのれが神について無知であることを悟ること、それが神についての人間的認識の究極である[18]」などの言明に接した読者は、神学者トマスが人間の神認識についてどうしてこのような「不可知論」的な言い方をすることができたのか、いぶからざるをえないであろう。

しかもその同じトマスが、これまで見てきたように、「本性的に知ることを欲する」人間の知的探究は、「神」と呼ばれる存在に到達するところまで徹底的におし進められないかぎり、知的探究として完成されることはない、と確信しているのである。別の言い方をすれば、自然本性的に幸福を欲求する人間の本性には、神の存在についての認識が植えつけられており、人間の真の幸福とはこの認識を「神を顔と顔を合わせて見る」と言えるところまで完成することにほかならない、というのがトマスの根本的な立場であった。このようなトマスの神学の根本的立場と、同じくトマスのうちに顕著に見られる人間の神認識についての根元的《ラディカル》な否定神学的立場との間には、ごく控え目に言っても極度の内的緊張——端的に体系的な自己矛盾と呼びたい人が多いかもしれない——が見出されることは否定できない。スコラ神学の最高の完成とか、中世における神学的総合の傑作と称せられるトマス神学は、実際にはこうした内的緊張ないし「自己矛盾」をはらんでいるかぎりで、大きな謎としてわれわれに迫ってくるのである。

Ⅶ

ところでトマス自身は、自らの神学的探究がかかえこんでいて、彼自身もそのことを自覚していたに違いないこの内的緊張を解消しようとは試みていない。むしろ『神学大全』の始めから終わりまで、「知られざるままの神に結ばれる」という彼自身の言葉があきらかに示しているような、神についての徹底的な不知と親密な知を、同時に確認しながら神学的探究を進めるのである。そして、私の考えでは、このようなトマスの選びとった知的探究の在り方そのものが、われわれに対してひとつの挑戦をつきつけているのである。

それはどのような挑戦かと言えば、繰り返し述べたように、「本性的に知ることを欲する」人間の知的探究、つまり知性の能力の限りをつくして物事を理解しようとする試みは、「五つの道」のそれぞれが行きついた「万人が神と理解し、名づけている」存在に到達することを必然的に求めるのであって、そのような存在に到達するところまでおし進められないかぎり完全な意味での知的探究が成立したとは言えない、という挑戦である。言いかえると、人間の知的探究は、神を問題とするところまで徹底させられなければ、知的探究と呼ぶに値しない、という挑戦である。

この挑戦はおそらく多くの人にとってその意味が摑《つか》みにくいものであるかもしれない。「神」という言葉ですぐに「機械仕掛けの神」（Deus ex machina）を連想する程ではないにしても、多くの人にとって「神」という言葉はわれわれが自力での探究を断念あるいは放棄して、問題の解決を「未知の何者」かに委《ゆだ》ねるときにわれわれの心に浮かぶものだからである。しかし、トマスの言う「神」は、知的探究をまさしく知的探究として成立させ、それを無条件にどこまでもおし進めることを可能にすると共に要求するような「神」である。

われわれはおそらく思想史の或る転換点で、トマスが知的探究を支える原動力、根拠として理解していた「神」の概念を喪失したのであろう。そのことは、アリストテレスやトマスが、ここ地上の生に関するかぎり、人間が到達することのできる最高の幸福であるとしていた「神の観想」[19]という思想が、近代ではほとんど姿を消していることからも推察できる。そして、このような「神」の概念の喪失あるいは忘却にともなって、われわれの知的探究も、原則的に「神の問題」を排除するようなものへと変貌をとげたのであろう。しかし、長い間、忘却されてきたとは言え、「知的探究の根拠としての神」は、「知的探究に終止符をうつ神」によって簡単に矮小化されるようなものではなく、すくなくとも後者と競い合うことのできる選択肢である。そのことに気づくとき、神の問題をめぐるトマスの議論は、われわれにひとつの重大な挑戦をつきつけるのではないであろうか。

第三章　「交わり・即・存在」――人格《ペルソナ》のパラドックス

I　トマスは『神学大全』第二七問題の序言を次の言葉で始める。「ところで神の本質が一であることに関わる事柄の考察はこれで終わったので、残っているのは神におけるペルソナが三（位一体）であることに関わる事柄についての考察である」。ここで「神の本質が一であること」の考察というのは、神とは「何であるのか」、つまり神の「アイデンティティー」（「一であること」）を探究してきたことを指している。そして、この考察は、万人がその心の奥深くに植えつけられている「神は存在する」という認識から出発して、神は存在そのものである、神は知恵と憐れみと正義に満ちている、などの聖書の教えを受けいれつつも、主として人間の経験と理性にもとづくものであった。これに対して、第二七問題から第四三問題までの「三位一体論」（「三位一体なる神について」）では、イエス・キリストが、いわば自らの（神性の）秘密を弟子たちにあかすという仕方で神について親しく語り、教えたことにもとづく、神の内的な生命についての探究が進められている。

このように、三位一体論における神の考察は、始めから終わりまで聖書、つまり神の啓示に対する信仰にもとづくものであり、「信仰のみ」に頼る探究であることを確認しておく必要がある。ユングによると[1]、神あるいは神性を三幅対（Triad）で描く伝統は古くバビロニア、エジプトの宗教に遡り、さらにピタゴラスやプラトンの宇宙論的思弁にも見出されるもので、キリスト教の三位一体の教義もそれにもとづくものである可能性が大きい、という。この解釈の是非について評価する資格は私にはないが、三幅対という共通の形式を超えて、キリスト教の三位一体の教義は、神の内的生命について深い洞察を与え、外に現れる神の業《わざ》としての創造と救いに対しても光をあててくれる独自の教えであることを強調したい。他方、宗教学や比較宗教史の見地からそれを古代の宗教ないし思想的伝統と結びつけたとしても、この教義からは何も貴重なことを学びとることはできないのではないかと思う。

Ⅱ　しかし逆に、このような見解に対しては、「信仰のみ」によって肯定された教義、およびそのような教義についての神学者の議論は、現代のわれわれにとっては何ら関心の対象になりえないものであり、それがわれわれに何か問題を投げかけるとか、挑戦をつきつける、といったことはありえないのではないか、という反論が返ってくるであろう。この反論に対しては、この後の本章全体の議論で答えることになるが、ここで次のように要約しておきたい。

「三位一体なる神」というキリスト教の中核である教義が神学者たちにつきつけたのは、最高に一なる神において三つのペルソナ（御父、御子、聖霊）が真実に、実在的に区別されることをどのように説明するか、という課題であった。これは言うまでもなく「一は多（三）である」という明白な矛盾の解決を要求する形而上学的難題、あるいは3と1という数字をめぐる知的な曲芸とも言える問題ではない。それはむしろ、唯一なる神に対する信仰を真実に告白し、ふさわしい礼拝と讃美をもって仕える唯一の道は、神の三つのペルソナの区別を肯定し、それらが等しく、真実に神であると認めることである、というキリスト信者の根本的な生き方を神学的に基礎づけるという課題であった。そしてトマスはこの課題を、神のペルソナは「理性的本性を有する個的実体」（ボエティウスの古典的定義[2]）としてよりは、むしろ「自（ら）存（在）する関係」として理解するべきである、という独自の、革命的とも言える神学的立場によって解決しようと試みたのである。

「自存する関係」（ラテン語では relatio subsistens）という用語は、関係というものは本来それ自体で独立に存在するのではなく、「親子」「夫婦」関係、あるいは「交戦」「友好」関係のように、そうした関係によって結びつけられている人（物）に依存してはじめて存在するのであるから、一見したところ「木製の銅像」と同じくらいの明白な自己矛盾をふくんでいる。そして、ここで言われる「関係」は御父と御子、御父および御子と聖霊との間の「交わり」を指すと解することができるから、この用語を、交わりが自らによって存在するとの意味で、思いきって「交わり・即・存在」と言いかえることもできよう。つまりトマスが、「御父」「御子」「聖霊」と呼ばれる神のペルソナは「自存する関係」を意味する、と言うとき、彼は神のペルソナにおいては「交わり・即・存在」であることを見てとっていた。そして彼はこの洞察によって、最高に一なる神において三つのペルソナが実在的に区別される、という信仰の神秘への新しい神学的理解の道が開かれる、と考えたのである。

Ⅲ　しかし、このようなトマスの神のペルソナについての理解が、たんに初代キリスト教会以来の長い教義論争、および神学的議論の歴史のなかに現れた（いかに独創的であっても）一つの神学説にとどまるものであったならば、それを現代のわれわれが重要な問題あるいは挑戦として受けとめる必要はなかったであろう。実を言えば、神のペルソナは「自存する関係」であるというトマスの学説は、これまで神学者たちによって一三世紀「スコラ神学者」による三位一体論への独自の寄与として取り上げられ、紹介されることはあっても、この学説の背後にある真に革命的と言える新しい存在論に注意が向けられることはなかった。そしてトマスの「ペルソナ」概念は、一四世紀以降「個」（個体あるいは個人）をそのまま実在ないし存在と同一視する存在論の潮流にのみこまれ、「人格《ペルソナ》」を個人と同一視してしまう常識的なペルソナ概念によって置きかえられてこんにちに到っているのが現状である。

しかし、私は「自存する関係」として神のペルソナを理解しようとするトマスの試みは、それまでのアリストテレス的あるいは新プラトン哲学的な存在論とは根元的に異なった、新しい存在論ないし形而上学の構築をまってはじめて可能になった、と考えるべきであると思う。それはかつてエティエンヌ・ジルソンが、トマスの新しい存在論は旧約聖書『出エジプト記』（第三章第一四節）の「わたしはある」という神の名の啓示から霊感を得ているところから「出エジプト記形而上学」と呼んだものである。[3] ところで、私はジルソンの解釈を一歩進展させて、トマスの新しい存在論は、『出エジプト記』の神の名の啓示に加えて、新約聖書『ヨハネの第一の手紙』（第四章第八、一六節）の「神は愛である」という啓示から霊感を受けとることによってさらに深められた、神的「存在」の理解にもとづいて成立したと考える。

私がトマスの三位一体なる神についての論考、とくに「自存する関係」という神的ペルソナの理解が現代のわれわれに重要な問題を投げかけ、挑戦をつきつけていると考えるのは、この存在論、つまり彼の神学的議論の背後にある、通常、ギリシア哲学の流れをくむ西洋哲学の存在論として紹介されるものとはまったく異質な存在論のゆえにである。トマス自身はこの新しい存在論ないし「存在」理解にもとづいて三位一体論の神学に顕著な寄与をしたが、われわれはこんにち、哲学、とくに人間学、社会哲学の根本問題を考えるにあたって、トマスの存在論を再発見し、そのことによって、存在論の根元的な転回を成就しなければならないのではないか。

「存在論の根元的な転回」と言っても、それから転回すべき現代の「存在論」について語ることができるのか、それが問題だと考える人が多いかもしれない。ここで私は、近代思想の影響の下に形成された、われわれの間で「自明の理」と見なされている「存在」理解――つまり、われわれが「在る」という言葉を用いるときの根本的前提、どのような種類のものを「存在」と認めるかという「存在論的コミットメント」――を現代の「存在論」と同定した上で議論を進めることにする。

この「存在論」は、「われわれ（人間）の認識は感覚から始まる」および「われわれが知性によって初めに、最もよく知られたものとして捉えるのは存在である」[4]という、万人が認めていると言ってよい二つの基本原理から、「われわれが存在を捉える根源的な場は感覚的な事物の世界である」という第三の基本的原理を導き出すことによって成立したものである。ところが、この存在論的原理は、われわれの原初的で根源的な「存在」理解は日常的経験の「場」で成立することを主張しているかぎりで、さきの二つの基本原理と同様に「自明の理」であって、問題ないように思われるが、実はわれわれの根源的な「存在」理解が本来的に成立する場を見誤っているのである。

なぜなら、この存在論的原理によれば、われわれが第一義的に「在る」と認めるのは感覚によって捉えられる個々の事物であり、それ以外の「存在」は、もしそれらが「在る」と肯定されるにしても、それは推論にもとづいて派生的に「存在」と呼ばれるにすぎないからである。その場合、「在るとは知覚されることである」(esse est percipi)[5]というバークリ(George Berkeley 一六八五―一七五三)の命題をそのまま認める必要は必ずしもないが、在るものの領域が感覚的で物質的な個物のみに限られる傾向は否定できない。言いかえると、この存在論においては「存在するものはすべて個体である」ないし「個体のみが実在する」[6]というウイリアム・オブ・オッカム(William of Ockham 一二八五―一三四九)の徹底した個体主義が妥当するのである。

ところで、感覚によって捉えられる物質的な個々の事物のみが、第一義的、根源的な意味で「在る」ことを認める存在論の立場を前提するかぎり、神に関わる問題は言うまでもないとして、目に見えない心（精神あるいは霊魂）の問題、あるいは人間の社会を成立させる交わりや絆《きずな》などに関わる問題を理論的に探究し、基礎づけることは不可能である。また現代において「人間とは何か」と問うことの重要性と緊急性は広く認められていながら、人間がそれをめざして、またそれによって生きる目的あるいは善という価値は「存在」の領域から排除されているため、「人間とは何か」という問いはたんに事実や現象に関わる末梢的な事柄のみに向けられている。このような観点から、本章ではまずトマスの「ペルソナ」、とくに「神のペルソナ」理解を概観し、その背後にあるトマス独自の「存在」理解を浮かび上がらせ、それがこんにちのわれわれにとってどのような意味をもつものであるかをあきらかにすることを試みよう。

Ⅳ　三位一体なる神についての論考とか三位一体論という言葉を聞くと、多くの場合、神の御子である救い主キリストが真実の神であることを否定したとされるアレイオス（アリウス二六〇頃―三三六）と、キリストは御父と同じく真実の神であると主張して譲らなかったアタナシオス（アタナシウス）との正統信仰をめぐる教義論争や、神における本性とペルソナの関係についての精妙な神学的議論、そして聖霊は御父からのみでなく「御子からも」(Filioque) 発出したという字句をめぐって現在まで続く東・西教会の分裂が想起されるのが普通である。いずれにしても、「三位一体」という言葉の無理解で無責任な乱用は別として、三位一体論に関して一般に受けいれられているイメージは、聖書にもとづく信仰に導かれて救いへの道を歩む通常のキリスト信者にとってはあまり関わりがなく、また有益でもない、複雑で難解な神学的思弁、といったものであるように思われる。

ところが、神学者トマスの頭にあった三位一体論は、そのような通常のキリスト信者の生活から遠くへだたった神学的思弁とはまったく異なったものであった。彼によると神のペルソナについて理にかなった認識をもつこと、つまり三位一体の神学に（それぞれの能力に応じて）親しむことは、キリスト信者にとって必要不可欠なことだったのである。それは次の二つの理由からである。

第一の理由は、神による万物の創造についてわれわれがただしく考えるためには神のペルソナについての知識が必要だということである。[7] これは多くの人に意外に響くかもしれない。キリスト信者は世界が唯一の神によって創造されたことをあらかじめ知った上で、その神についてのより深い知識として神のペルソナについての啓示を受け取る、というのが通常の順序ではないのか。実を言うと、多くのキリスト信者は万物の創造主である唯一の神を信じることに関心を集中させて、ペルソナの区別は余分な飾りのように考えているのではないか。これに対してトマスは、聖書の最初の言葉「初めに、神は天地を創造された」が真実の信仰告白となるためには、御父、御子（御言《みことば》）、聖霊というペルソナの区別を信じ、認識することが必要だ、と主張したのである。神のうちにペルソナの区別を認めることは、創造主である神が知恵と愛にあふれる交わりの神であることを認めることであり、そのことによって万物の創造は自然（本性）の必然性による流出ではなく、むしろ知恵と愛による神の業であることが示される、というのである。それは言いかえると、神による天地の創造を根元的に救いの歴史の観点から理解することにほかならない。

トマスが挙げる第二の理由――彼によると、これがより重要な理由である――は、神のペルソナに関する知識は人間の救い――それは人となった御子（なる神）と聖霊の賜物によって完成される――についてただしく考えるために必要であった、というものである。[8]すべてのキリスト信者が信じて告白するように、人間の救いはイエス・キリストの十字架の死によって成就されたのであり、そしてわれわれがキリストを信じることができるのは聖霊の賜物によってのみであるならば、神のペルソナについての知識が人間の救いをただしく理解するために必要不可欠であるのはあまりにも明白ではないか、とトマスは考えた。三位一体の神学はキリスト信者の最も根本的な信仰と結びついているのであって、けっして複雑で精妙な神学的思弁にふける神学者たちだけの関心事ではない、というのがトマスの確信であった。

V　神のペルソナについてのトマス自身の神学的議論は、すでに確立された、神はあらゆる意味で単純であり、[9]最高度に一なるものである、[10]という神の本質についての認識（もちろん否定による認識であるが）を前提するものであった。御父、御子、聖霊という三つのペルソナを区別することは、そのような神の「一性」と矛盾するのではなく、むしろ啓示の教えにてらして「一性」の意味をより深く理解しようとする試みなのである。そのように見てくると、なぜトマスが『神学大全』で神の「一性」を考察したのに続いて、神における知ないし知性認識、神における意志と愛について意外に思われるほど詳細に論述しているのか、その理由があきらかになる。

なぜなら神においては何らの複合、構成部分もありえないのであるから、神のうちに何らかの区別（たんに観念的にではなく実在的な）が認められるとしたら、神が自らのうちに何かを発出させ、そうした発出（processio）あるいは起源（origo）によって生ずる神の内的な関係にもとづく区別しかありえないからである。そして神のまったき単純性ないし最高度の一性と矛盾しないような内的な発出と言えば、知性認識において起こる知的言《ことば》の流出あるいは出生、および意志の働きにもとづく愛の発出のほかにはありえない、とトマスは考えた。言うまでもなく、神における言《ことば》の出生、そして愛すなわち聖霊の発出は、「聖書のみ」によって肯定されることであるが、トマスはそのような神における内的発出についての考察にそなえて、神における知と愛について詳細な考察を行ったのである。

VI このようにトマスは、ペルソナの実在的区別は神における内的な発出によって生ずる関係にもとづいてのみ理解できると考え、そして神における内的な発出は知性による認識の働き、および（知性的なちからである）意志の働きをよりどころにして理解できる、と考えた。ところで、このように神におけるペルソナの区別を神における内的な関係にもとづいて説明し、そして神における内的な関係を知性的なちから、あるいは精神の働きにもとづいて理解しようとする試みは様々の誤解にさらされてきた。たとえばそれは「三位一体のかたどり」(imago Trinitatis) と呼ばれる人間の精神についてのふりかえりから直ちにその範型・原形である三位一体そのものを推論しようとする暴挙と見なされた。あるいはまた、このような試みは、神を人間の姿に似せて描きだす神話的擬人観を、神学的思弁のなかに持ちこむものにすぎない、と簡単に片づけられることも多かった。

しかし、われわれがひとたび率直にトマスの議論をたどりさえすれば、前に指摘したように、彼が試みているのは始めから終わりまで聖書の言葉を正しく理解し、そこにふくまれている神の教えをできるかぎり十分に学びとること、それに尽きることは明白である。知性(意志もふくめて)の働きにもとづいて神における内的発出を理解しようとする試みも、聖書が神について語ることは、神の完全性をより完全に分有しているはずの知性的実体をよりどころに解釈するほかはない、との理由によるもので、けっしてわれわれが知っている知性の働きを基準にして聖書が神について語ることを判断しようとするものではない。

トマスは、人間理性がその固有のちからによって神のペルソナの区別の認識に到達することは絶対にできないことを一貫して主張し、明言している。[11] 人間理性がその固有のちからによって知りうるのは、人間に本性的に植えつけられている万物の第一の根源であり、究極の目的である神について必然的に肯定されるような事柄のみであって、神の内的生命そのものにかかわるペルソナの区別は、ただ神の啓示に対する信仰のみによって肯定されることなのである。しかし他方、人間理性は無限への可能性を有するちからであるから、固有のちからによっては知りえない事柄に対しても自らを開くことができ、第二章で述べたように「知られざるままの神に触れる」という仕方で、ペルソナの区別についても何らかの認識に到達することができる。トマスの三位一体論はそのような、人間理性が（自力では把握できない啓示の真理に自らを従わせる、との意味で）一種の自己否定ないし自己超越によって遂行する神認識である、と言うことができよう。

Ⅶ　これに対してアリウス派異端の創始者とされるアレイオスが追求したことは、まさしく三位一体の神秘を人間理性の論理に従属させることであった、とトマスは解している。人間理性にとってはAがBを発出する、ということは原因と結果との関係であり、そして常に原因はそれに依存する結果よりも優位に立つ。したがって聖書に、御子は御父から生まれ、聖霊は御父と御子から発出する、と記されていることから、アレイオスは、御子は御父からその第一の被造物として発出し、聖霊は御父と御子とから、この両者の被造物として発出する、という説を引き出した、と言うのである。[12]

アレイオス説は第一回普遍公会議（第一ニカイア公会議　三二五年）で異端説として断罪されたが、かりに人間理性が最高・唯一の規準であるとする立場をとった場合には、アレイオス説こそは理性に合致する聖書の解釈であると言えるのであり、アリウス派が古代において（おそらくは現代においても事情は変わっていない）一時期広汎な支持をかちえたことはけっして不思議ではない。アレイオス説は唯一なる神に対する信仰を、極めて合理的かつ説得的に基礎づける教説のように見えるからである。

同様のことが、アレイオスに先立って人間理性を最高の規準にする「合理主義的」な仕方で神の一性とペルソナの区別とを両立させようと試みたサベリウス（Sabellius　二二〇頃活躍）の異端説（古くからモナルキアニズム〔Monarchianism　単一始源・支配〕と呼ばれ、ハルナック〔A. von Harnack　一八五一―一九三〇〕によって「様態説」と命名された）についても言えるであろう。サベリウスは御父、御子、聖霊という三つのペルソナの実在的区別は旧約聖書以来の唯一なる神についての教えに反すると考え、御子なる神とは御父なる神自身がマリアから肉を受け取ったかぎりでそう呼ばれるのであり、またその同じ神が理性的被造物を聖化し、生命へと動かすかぎりで聖霊と呼ばれるのだ、と説明した。[13]言いかえると、サベリウスにとっては、聖書において御父なる神が御言《みことば》である御子なる神を生む、とか、御父と御子から聖霊が発出する、と語られることは、人間理性が固有のちからでは理解できない神のうちなる生命についての啓示とは受けとられなかったのである。彼はむしろ唯一なる神についての信仰を最終的に理性に合致する真理として受けとめた。そして「合理的」とも言える唯一なる神についての理解を固守して、聖書が御父、御子、聖霊（なる神）について語ることはたんに唯一なる神がわれわれに対して自らをあらわす様態（modus）にすぎないと考えたのである。このような考え方は、こんにちでも「一神教」キリスト教について合理的な見方をする多くの人にとって抵抗なく受けいれられるものではなかろうか。

Ⅷ　さきに、トマスの三位一体論は、人間理性が一種の自己否定ないし自己超越によって、啓示された真理、あるいはむしろ信仰の神秘に対して自らを開く、という仕方で遂行される神認識である、と述べた。それはより詳しく言えばどういうことか。

トマスは、すべての存在するものの第一の根源であって究極の目的（つまりすべての存在するものがその存在と働きにおいて全面的に依存している第一の根源・究極の目的――それをわれわれは神と呼んでいる）について、人間理性はその固有のちからによって、その「何であるか」を知りうる（もちろん根源的な無知を自覚した上で）と考えていた。人間理性が神について知りうる「何であるか」とは、万物の第一の根源・究極の目的である神について必然的に肯定されるような事柄であって、トマスはあらゆる意味での単純性、完全性あるいは最高善、無限性、万物における存在、あらゆる意味での不可変性、永遠性、そして最高度に一なること、などをそのように神について理性が必然的に肯定する事柄として枚挙している。これらの事柄が神について必然的に肯定され、これらは神についてのみ述語されうる、ということは、これら「属性」は神のアイデンティティー、言いかえると神が神であることを示すものだということであり、そのような認識において神が一であることが確証されるのである。

トマスは、このように人間理性がその固有のちからによって神の一性を論証できる、ということを明確に認めていた。ところが、聖書には御父（なる神）が御子（なる神）を生み、遣わす、とか、御父と御子から聖霊（なる神）が発出する、というふうに、あたかも複数の神が存在するかのような語り方が見出される——それと共に、御子と御父はまったく一である、という言明も見出されるのであるが。このような聖書の言葉が複数の神の存在を意味するものではないことは明白である——唯一なる神に対する信仰はキリスト教会の基本信条の最初に告白されることであるから。しかし他方、複数の神という誤謬《ごびゅう》を避けるために、サベリウスやアレイオスが主張したように、真の神は御父なる神のみであって、御子や聖霊はその異なった現れ方にすぎないとか、あるいは御子と聖霊は被造物であると解することもできない、とトマスは考えた。なぜなら、聖書は御父、御子、聖霊の区別はたんなる現れ方の相違にとどまるものではなく、またこの区別はそれら三者が等しく神であることを排除するものではないような語り方をしているからである。そして何よりも、使徒たちから伝えられた教会の基本信条は、御父、御子（キリスト）、聖霊なる神を信じることをあきらかに告白してきたからである。

Ⅸ　では、唯一なる神に対する信仰を堅持しながら、聖書が御父、御子、聖霊を明確に区別しつつ、等しく神として語っていることをどう理解したらよいのか。前にも述べたように、全面的に聖書の教えにもとづいて神の認識をどこまでも探究しようとするトマスは、聖書が語る御父なる神、御子なる神、聖霊なる神という区別は、人間理性が固有のちからで到達することの可能な神の「一性」の認識とはけっして矛盾するものではない、と考え、それはむしろより親密に神の内的生命へとわれわれを招き入れ、神が一であることの意味をより深く、より豊かに悟らせてくれる教えであるというのが彼の一貫した立場だったのである。

ところで、さきにも触れたように御父（なる神）、御子（なる神）、聖霊（なる神）という区別は、それが実在的な区別でありながら神の一性をなんら傷つけないとすれば、御父、御子、聖霊という名前は、神の構成要素や部分を指すのではなく、むしろ神のうちに実在的に存在する関係を指すものと解するほかはない。これらの関係は、いずれも神であり、その意味では神の本質と同一なのであるが、御子の出生とか、愛による聖霊の発出のように神の内部の異なった発出にもとづく関係であるかぎり、神の一性をそこなうことはなく、実在的に区別される、というのがトマスの説明である。

神の最高の単純性と一性を肯定しながら、そこに実在的な区別を認めるのは、明白な矛盾と受けとられるかもしれない。しかしここで言う実在的区別とは、関係を超えたものとしての神の本質に即しての区別ではなく、あくまで関係づけられたもの（たとえば御父と御子）に即しての区別であり、神の本質としての単純性と一性とを否定することにはならない。[14] むしろ、御父（なる神）が「御父」と呼ばれるのは御子との関係にもとづくのであるから、関係の実在性、および関係にもとづく実在的区別を認めないならば、「御父」と呼びかけるのは空虚なことになるであろう。

このようにトマスによると、神の最高の単純性と一性をそこなうことなく、神のうちで実在的に区別されるものとは関係である。そして神において御父、御子、聖霊という名前で区別される「ペルソナ」は関係を表示する名前にほかならない、と彼は主張する。ところで、われわれが聖書で語られている、御父が御言《みことば》である御子を生む、とか、御父と御子から聖霊が発出する、などの神における内的発出から出発して、発出ないし起源にもとづく神のうちなる関係へと進み、続いてこうした関係を表示する名前としてのペルソナ、というふうにトマスの三位一体論の議論をたどってくると、「ペルソナは関係を表示する」という命題はごく当然の結論のように思われてくる。しかし、あらためて「神においてペルソナとは関係である」と言われると戸惑ってしまう者が多いのではないだろうか。

X　なぜなら、「人格《ペルソナ》」「パーソン」という言葉でわれわれが通常理解するのは、自己意識をもつ存在、自己決定・自己支配の能力をもつ行為主体であり、すくなくとも何かの部分あるいは性質のようなものではなくて、自ら存在するものでなければならないからである。トマス自身、ペルソナ一般の定義として、自らの行為に対する支配力をもちつつ自ら存在するもの、という意味をふくめて「ペルソナは理性的本性において自存するものである」[15]と述べている。したがって、神のうちに実在的に存在する関係は、それらが「ペルソナ」と呼ばれるかぎり、自ら存在するものでなければならない。トマスは神のうちに実在的に区別される関係は、神の本質そのものであることを認めているから、神の本質がそうであるようにこれらの関係が自存することを当然のこととして肯定する。[16]

こうして彼は、聖書が唯一なる神について、御父（なる神）、御子（なる神）、聖霊（なる神）と別々の呼び方をすることの確認から出発して、この神秘を（あくまで信仰の神秘として受けとめつつ）神学者として人間的言語の能力の限りをつくして表現しようと試みた結果、最後に神のペルソナは「自存するものとしての関係」（relatio ut subsistens）を表示している、という結論に行きついたのである。

トマスは「自存する関係」（relatio subsistens）という用語が、「関係」および「自存するもの」という用語の通常的意味にてらして、明白な自己矛盾をふくむものと受けとられる、ということについて説明や弁明を加えることはいっさいしていない。あたかも彼は、神のペルソナをこのように理解することは、神の一性、および神におけるペルソナの区別についての議論から論理的に導き出される結論であって、読者はそのことを容易に理解できる、と考えていたかのようである。しかし「自存する関係」は、それを「交わり・即・存在」と言いかえた場合にも、これらの言葉に通常与えられている意味にてらして言えば、やはり自己矛盾的、あるいはすくなくとも逆説的である。したがって、トマスがそのことについて何ら説明する必要を認めていないとすれば、それはわれわれには秘められているが、彼にとっては極めて明白であった何らかの前提にもとづく、と考えざるをえない。

XI　さきに述べたように、トマスが神のペルソナは「自存する関係」を意味する、と言うとき、彼は神のペルソナにおいては「交わり・即・存在」であることを見てとっていた。ここで、われわれが人間のペルソナに目を向けると、交わり、あるいはコミュニケーションがペルソナにとって本質的と言えるほどの重要な意味をもつことはあきらかである。人間がペルソナであるのはすべての他者から区別された、この主体としてである、と考える論者にとっても、他者には無関心で、自らのうちに閉じこもる生き方はペルソナ性の放棄あるいは喪失と受けとられるであろう。逆に、他者との交わりを豊かに保ち、家族、地域共同体、国の境界を超えてコミュニケーションを拡大することは、それこそ人間にふさわしい生き方であり、ペルソナ性の完全な実現と見なされよう。

しかし、人間のペルソナについては、現実に「交わり・即・存在」と言うことはできない。いかに人間にとって「生きる」とは「共に生きる」ことであると力説する論者でも、人間の存在ないし生命には他者とは共有できない部分があることを認めざるをえない。しかし他方、交わりを存在全体に及ぼし、いわば自らの存在を全体的に交わりに捧げることが、人間としての生き方、そのペルソナ性の完全な実現である、と考えることは可能である。「友のために命を捨てる、これにまさる大きな愛はない」という聖書の言葉（『ヨハネ福音書』第一五章第一三節）は広く知られているが、それは友との交わりに自らの存在の全体を捧げることであり、この愛の行為において「交わり・即・存在」が或る意味で成就されているのである。

ここで私はひとつの仮説を提示したい。それは、トマスが神のペルソナは「自存する関係」を表示する、と述べ、神のペルソナにおいては「交わり・即・存在」が成立していることを示唆した――しかも何らの説明・弁明も必要としないかのように、いわば事柄そのものが語るという論調で――のは、神（の存在・本質）は愛《アガペー》である、という啓示から霊感をくみとった「ペルソナ論的存在論」と呼ぶのがふさわしい存在論にもとづいてであった、という仮説である。この仮説は、さきに述べたように、トマスの存在論ないし形而上学を、ギリシア哲学の源流に加えて、聖書的霊感によって根元的に転回・発展させられたものとして理解しようとする試みにもとづいている。

トマスの存在論を可能にしたのは、「神は愛である」という聖書の啓示からくみとった霊感である、という解釈が様々の困難な問題をふくむことは言うまでもない。トマス自身、そのことを一度も言明していないし、「神は愛である」という聖書の言葉にもとづいて、神は「自存する存在そのもの」(Ipsum Esse Subsistens)であるという形而上学的命題を、「愛《アガペー》」の観点から論理的かつ説得的に解明してゆくことはけっして容易ではない。しかし私は、存在そのものである神は最高善であり、そしてトマスはディオニュシオス・アレオパギテースと共に、神の本性(したがって神の存在そのもの)を最もあきらかに示すのはその善性(bonitas)であると主張している[17]ことにもとづいて、神の存在そのものを愛の観点から解明することは可能である、と考える。

トマスは「善の本質側面は自己をおしひろげ、自己を他者に分与する(communicare)ことである」というディオニュシオスの言葉に公理的な意義を認め、それを屢々《しばしば》自らの議論を基礎づけるために用いる。「神はなぜ人となったのか」という問題を考察するにあたっても、「自己を他者に分与することが善の本質側面であり、したがって最高善である神に適合するのは最高の仕方で自己を被造物に分与することである」[18]と述べている。だが、これこそ神は愛《アガペー》であるという聖書の啓示を形而上学的言語によって言いあらわしたものと言えるのではないか。そして、このように神の存在（Esse）についてかちとられた洞察にもとづいて存在論を構築することは可能であり、トマスの三位一体論神学の背後にあった存在論はそのようなものであった、というのが私の仮説である。

XII　第III節で述べたように、トマスの「自存する関係」という神の「ペルソナ」理解がこんにちのわれわれに重大な挑戦をつきつけている、と私が考えるのは、そのような理解を可能にした彼の独自の存在論のゆえにである。この存在論は神の存在《エッセ》を愛《アガペー》の観点から解き明かそうとする試みにもとづいており、それは言いかえると、「在る」ということを「愛《アガペー》」、すなわち最も完全な仕方による自己分与というペルソナの在り方から解明する試みであるとの意味で、それを「ペルソナ論的存在論」と呼ぶことができるであろう。

さきにも触れたように、私はこんにち、「人間とは何か」という問いが哲学の最も緊急で重要な問いとして問われつつも、人間の心あるいは精神の本質にはまったく光があてられず、脳という体の一部である物質についての精密な議論に終始しているような印象を受ける。このような状況の根底には、われわれが使用している言葉の意味の全体を支える、「在る」という言葉が空虚なものになってしまったという現代の存在論の問題性が見出されるのではないか。より正確に言うと、「在る」という最も基本的な言葉が感覚的に観察され、記述される事実あるいは現象を、ただ「そうである」と措定するだけの機能しか持たなくなってしまったので、われわれは目に見えない世界——神と精神あるいは霊魂——について「あるがままに」語るための言葉を喪失したのである。このような現代の存在論が陥っている苦境を頭に置きつつ、さきに「存在論の根元的転回」を提案したのであるが、言うまでもなく私はトマスの存在論が、現代哲学を人間理解の袋小路から救い出す唯一の救済策であるとは考えていない。しかし、それはこんにち哲学が根元的に新しい出発点を模索するにあたって、考慮に入れるに値する選択肢の一つにはなりうるのではないか、と確信している。

第四章　創造と宇宙論

Ｉ　「創造」という言葉で多くの人がまっさきに思い浮かべるのは、空の星と地上の生きものの起源、すべてのものの存在の始まり、ということではないだろうか。聖書は「初めに、神は天地を創造された」（『創世記』第一章第一節）という言葉で始まっているが、この言葉も、天と地、つまり宇宙全体の存在の始まりについて述べたものと受けとめる人が多いようである。言いかえると、聖書に記されている神による天地の創造についての教えもふくめて、「創造」という概念は、何よりも、この世界はどのようにして始まったのかという、おそらく多くの人の心に浮かぶ疑問に対する答えである。ところで、この疑問をめぐっては、ほかにも様々の可能な答えがある。たとえば世界にそもそも「始め」というものはなく永遠の継続あるいは円環である、世界は「偶然」の産物である、世界は遠い過去に何らかの物理的条件の下に出現し、長い時間を経て現在のような形に進化した、など。「創造」はこれらと並ぶ一つの答えにすぎない、というのがこんにち広く受けいれられている考えであろう。

しかし、トマスが『神学大全』のなかでまず一なる神、そして三一なる神について考察し、それに続いて、神によって造りだされた世界についての考察を始めるにあたって形成した創造の概念は[1]、この世界はどのようにして始まったかを説明する宇宙論的な「創造」概念とはまったく別のものである。たしかに創造によって世界は存在しはじめるのであるから、その意味では創造の概念と世界の始まりとの間には結びつきがある。しかし、トマスが理解した神自身が行う働きとしての創造は、この世界が、その発端・始源から現在の状態にいたる長い長い時間のなかでたどってきた過程をできるかぎり正確に記述しようとする試みとは何の関わりもない。

トマスはこの世界の始源についての宇宙・物理学的理論、あるいはこの世界で起こった様々の変動についての（進化論をふくむ）科学的理論については何ら知るところはなかったが、もし知っていたならばそれらを宇宙・世界の変化の過程についての科学的理論として正確に理解し、評価することに努めたであろう。彼にとって創造に関する信仰ないし神学と、世界の始源および変化の過程に関する科学的理論とが対立・衝突することは原理上ありえないことであった。「創造論・対・進化論」という問題は、彼の「創造」概念に関するかぎり、まったく起こりえないものだったのである。

Ⅱ　では、『神学大全』でトマスが提示している「創造」理解は、こんにちのわれわれに何を語りかけているのか。それが「この世界はどのようにして存在しはじめたのか」というわれわれの疑問に答えようとするものではないとしたら、いったい何を語ろうというのか。「初めに、神は天地を創造された」という聖書の教え、あるいは「わたしは全能の父、天地の造り主である神を信じます」というキリスト教信仰の基本信条で宣言される「創造」は、トマスの理解に従えば進化論と衝突したり、それを排除するものではまったくないことをかりに認めるとして、ではそれはこの世界についてどんな知識を与えてくれるというのか。そのような「創造」の概念を受けいれることでわれわれのこの世界に対する見方に何か重要な変化が生まれるのか。……おそらく、このような疑問を投げかける人が多いであろう。

この疑問に答える——それはトマスの「創造」理解が現代のわれわれにつきつける挑戦に光をあてることである——ためには、『神学大全』の創造論が三つの段階をふんで展開されていることに注意をはらう必要がある。この三つの段階を明確に区別し、それらの一つ一つを正確に理解しないと、トマスの「創造」概念の独自性に触れることはできないし、また彼の創造論が現代のわれわれの間で広まっている「世界」理解に対してつきつけている挑戦をまともに受けとめることもできないのである。[2]

Ⅲ　トマスの創造論の第一段階は、「神は存在する」という根源的な肯定と表裏一体であるような創造の概念である。「神は存在する」という肯定、つまり神の存在論証の結論は、前述のように（第二章）、生まれながらに知ることを欲する人間が、自らの自然本性に忠実に、徹底的な仕方で知的探究をおし進めることによって到達されるものであった。ここで言う創造の概念はそのような神の存在論証をいわば逆の方向に捉え直すことによって直ちに浮かび上がってくるものである。

「逆の方向に」というのは、結果から原因へと向かって徹底的に進められることによって第一原因である神へと到達した知的探究を、今度は、第一原因である神が、まさしく第一原因として行使する因果性に目を向け、その結果をつきとめる、という仕方で反転させることである。ここで決定的に重要なのは、第一原因がその固有の結果を生ぜしめるさいの因果性——すなわち「創造」と呼ばれる因果性——の意味を正確に理解することである。実は第一原因に固有の因果性は、結果から原因へと向かい、第一原因に到達することをめざす知的探究においても当然視野に入っている。しかし、この世界の内部において妥当する因果性の概念と、第一原因に固有の因果性との間の根元的な相違ないし断絶は見逃されて、一括して因果性として論じられることが多い。その顕著な例がカントである。

カントは神の存在の宇宙論的証明（der kosmologische Beweis）を斥《しりぞ》けるにさいして、この証明は、感覚界以外ではまったく意義をもたず、また使用されえない因果律を、感覚界を超出するために用いている、と批判する。[3] ところが、後に述べるように、トマスが神の存在を論証しようとする試みにおいて、因果性の原則ないし因果律を適用するにさいして最も細心の注意をはらったのは、因果性と呼ばれるものは、感覚界ないしカントの言う可能的経験の領域内と、それを超出して第一原因へと推論を進める場合とでは、その意味が根元的に変化せざるをえない、ということだったのである。

カントがこのような因果性の意味をめぐる重大な問題に気づかなかったのは、彼が親しんでいた当時の形而上学の限界によるものと言うべきかもしれない。そのことをあきらかに示すのは、カントが上に述べた箇所に先立って、神の存在の存在論的証明（der ontologische

Beweis）が不可能であることを論ずるにさいして、「何かである」という特殊的規定をふくまない「存在《ある》」（Sein）はいわば空虚であって、たんなる措定（Position）にすぎない、と断定していることである。[4]

この言明は、「存在」の一般的な慣用――バークリの「在るとは知覚されることである」(esse est percipi)[5]がそうであると言われるように――の説明にすぎないものであるならば、別に問題とするに足りない。しかしカントが哲学者として神の存在証明の批判を試みるにあたって、たんなる言葉の慣用をよりどころにするとは考えられないので、この言明は彼の哲学的な「存在」理解と受けとるべきであろう。そうであるとすれば、カントはすべての特殊的な限定・制限を超出する「存在（そのもの）」の完全性と豊かさ――古典的形而上学において「一」(unum)「真」(verum)「善」(bonum)「美」(pulchrum) などの名で考察された――についてまったく無関心ないし無知だったことになる。もちろん、カントの理性批判の企てはこうした「スコラ学的な」思弁が空虚で無用であることを示そうとしたのだ、と反論する人が多いであろうが、そのような議論は、歴史的研究の進展によっていわゆる「スコラ学」の実像と虚像があきらかになった現在、もはや学問的な価値はないと言わざるをえない。

Ⅳ　カントの因果性および存在の理解をめぐって横道にそれたのは、私の思い過ごしでなければ、二一世紀の今なお、神の問題について哲学的考察を試みようとする者の前には彼の哲学が大きな障碍《しょうがい》として立ちはだかっていると思われるからである。ここで本題にもどると、トマスの『神学大全』における創造論の第一段階は、第一原因としての神が、まさしく第一原因として行使する因果性を正確につきとめる試みである。ところで「第一原因」(causa prima)という用語は誤解され易いので、念のため簡単に説明しておきたい。アリストテレスは全宇宙のすべての運動・変化を生ぜしめつつ、自らは他の何ものによっても動かされない第一の動かされることのない(複数の)動者を措定したが、第一原因とは、すべての存在するものを存在せしめる原因でありつつ、自らは他の原因に依存することのない第一の存在を意味する。したがって、「第一」とは諸々の原因の系列のなかの第一を意味するのではなく、むしろ諸々の原因の系列の全体を根拠づけつつ、それを超越するとの意味で「第一」なのである。第一原因は屢々《しばしば》「自己原因」(causa sui)と呼ばれるが、それは自己矛盾をふくむ無意味な概念であり、むしろ「第一原因」は、われわれが通常「原因」と呼んでいるものはすべて特殊的に限定された意味の「原因」であることを見てとり、それらをまさしく原因たらしめる根拠を徹底的に探究することによって到達される概念である。

ところが、トマスは創造、つまり第一原因である神に固有の因果性について正面から考察している二つの箇所[6]のいずれにおいても、「存在」の根元的で全体的な理解をめざした哲学者たちの歩みを歴史的にふりかえっている。トマスが哲学の歴史に目を向けること自体珍しいことであるのに、それがいずれも創造の概念を哲学的に解明しようとする試みに組みこまれていることはとくに注目に値する。つまりトマスは第一原因である神に固有な因果性としての創造を適切に説明するためには、「存在《エンス》」の根元的で全体的な理解が不可欠の前提となる、と考えていたようである。

『神学大全』第一部第四四問題第二項「第一質料（materia prima）は神によって生ぜしめられたか」という問いに対するトマスの解答は次のように進められている。

昔の哲学者たちは少しずつ、そしていわば一歩一歩、真理の認識へと入っていった。というのも、当初は粗雑な考え方しかできなかったので、存在《エンス》と言えば感覚で捉えられる物体だけだと思っていた。それらの人々のなかで、こうした物体のうちに運動・変化を措定した者は、ただ何らかの（表面的な）付帯性であるかぎりで運動・変化を考察するにとどまった。（中略）

しかし、彼らはここからさらに進んで、知性によって実体的形相と質料――これを彼らは造られざるものと考えた――とを区別するにいたった。そして彼らは諸々の物体において変化が諸々の本質的な形相に即して生じていることを見てとった。（中略）だが注意しなければならないのは（中略）これらの哲学者たちは存在《エンス》を何らかの特殊的な考察でもって、この存在、あるいはこのような存在であるかぎりにおいて考察していた、ということである。このようなわけで、彼らは諸々の事物に特殊的な原因をふりあてるにとどまっていたのである。

そして、或る哲学者たちはさらに進んで、存在《エンス》を存在であるかぎりにおいて考察するという高みに達し、そして（そのことに対応して）事物の原因を、たんにそれらがこのもの、あるいはこのようなものであることに即してではなく、まさしく諸々の存在《エンス》であることに即して考察したのである。したがって、存在《エンス》であるかぎりでの存在の原因であるものは、それら事物が付帯的形相によってこのようなものであるとか、実体的形相によってこのものであることに即してのみではなく、あらゆる仕方でそれら事物の《存在《エッセ》》に属するもののすべてに即して、それら事物の原因でなければならない。このようなわけで第一質料もまた諸々の存在《エンス》の全体・普遍的原因によって創造された、と主張しなければならないのである。[7]

V　第一原因である神に固有の因果性としての創造、つまり神の存在論証に含意されている創造の概念は、ここでトマスが述べているように、諸々の存在《エンス》をたんに何らかの限定された、特殊的な側面で考察する段階にとどまるものではなかった。むしろ創造は、それらの特殊的考察によって捉えられた存在《エンス》のすべてを包み、超えるものとしての「存在《エッセ》」に到達することによってはじめて理解できる、というのがトマスの基本的立場であった。

　このようにトマスによると、創造の概念を哲学的に理解するために必要・不可欠な「存在《エンス》」の全体的・普遍的な認識のためには、われわれが経験する諸々の事物を感覚のレベルで精密に観察し、正確に記述する段階にとどまってはならないことは言うまでもない。それだけではなく知性的認識のレベルでも、一般に最も全体的・普遍的な「存在《エンス》」認識とされているものをさらに一歩先に進めなければならないと言うのである。一般に可知的で有意味な「存在《エンス》」認識と言えば事物が何であるかに関わる認識、すなわち事物の本質の認識であり、すべての存在するものを包括する最も普遍的な「存在《エンス》」概念、つまり「存在《エンス》であるかぎりでの存在」ですら、通常の存在論においては本質としての存在として理解されている。ところがトマスはそのような本質としての存在は、実は存在の限定的・可能的な側面なのであって、そこからさらに進んで存在《エンス》の究極の現実性としての「存在《エッセ》」を視野に入れてはじめて存在《エンス》の全体的・普遍的な認識を手にすることができる、と言うのである。

Ⅵ　しかし、トマスが「創造」概念の哲学的な認識のために必要不可欠であると主張する存在《エンス》の全体的・普遍的認識、つまり本質としての存在《エンス》を超える、「存在《エッセ》」に即した存在《エンス》の認識とは、それこそ「語りえぬもの」[8]についてあえて語ろうとする無謀で無意味な試みではないだろうか。というのも、さきに述べたように、有意味で可知的な存在《エンス》認識は「このようなものである」とか「このものである」という本質のレベルにおける認識に限られているからである。そのような本質としての存在を超えて「存在《エッセ》」に即した存在《エンス》認識の必要性を説くのは、人間の知性に対してその固有の能力を超え出るような探究を強要することであるように思われる。

　ところが、トマスはまさしくこのような探究こそ人間知性にとって自然本性的である、と考えていたのであった。そしてトマスが新たに切り拓《ひら》いた「存在《エッセ》」の存在論的地平は、それまでの本質の存在論が、可知的であるかぎりでの存在《エンス》を考察していたのに対して、いわば「超・可知的」とも言える「存在《エッセ》」を視野に入れることを要求するものであり、同時代人たちはその「新しさ」(novitas)に圧倒されつつも、それを理解し、受けいれることはできなかったようである。そして、現代のわれわれにとっても、トマスの「存在《エッセ》」の存在論は[9]——それを「スコラ神学者の不可解な思弁」として片づけてしまわない場合——知的冒険としか言いようがない探究の勧めであり、その意味でまさしくわれわれにつきつけられた挑戦である。

Ⅶ　トマスの創造論の第二段階は彼の厳密な意味での哲学的ないし形而上学的な「創造」概念である。これまでの第一段階では、第一原因としての神に固有な因果性としての創造という、創造のいわば名目的定義をめぐって、創造について正確に考えるための必要不可欠な前提である全体的・普遍的な「存在《エンス》」理解について述べてきた。そのような準備的考察の後で、創造についてのたんに名目的定義ではない、実質的な哲学的概念を形成するためにトマスが目を向けるのは、創造という働きを行う神ではなく、われわれの経験する事物である。

これまで創造の概念をめぐる哲学的議論が無用な混乱を引き起こした主な原因の一つは、信仰を前提としてはじめて意味をもつ神学的概念と、厳密な意味での哲学的概念とが混同されたことである。たとえば西田幾多郎《にしだきたろう》博士は(おそらく多くの人に意外と思われる仕方で)

創造の概念（絶対者の自己否定による創造）に重要な哲学的位置を与えているが、「無からの創造」は創造を偶然的な出来事に格下げするものであり、創造は「永遠の創造」でなければならない、と主張する。[10] これはおそらく「無からの創造」を哲学的な概念として受けとったことからの当然の帰結であるが、同じような混同はキリスト教思想史のなかでも古くから繰り返されてきた。

しかし実際には、「無からの創造」と言うときの「創造」は、その表現形式からして神自身の働き、あるいは行為としてのほかには理解できないのであって、その場合、神の働きとしての創造は（神においてその働きと本質は同一であるから）「三位一体」「受肉」「十字架の死と復活による救い」と同じく、神の本質に関わる神秘なのである。神の働きとしての「無からの創造」は、信仰のみによって肯定される神秘であり、そのことを確認した上ではじめて、それについての理解と解釈が神学にとっての課題となる、と考えるべきであろう。

そのことを無視して、「無からの創造」を哲学的概念であるかのように思いこむと、創造はあたかも虚無から存在にいたりつく大いなる運動ないし変化の過程であるかのような幻想が生じがちである。トマス自身、こうした議論は「無」をあたかも実在する極であるかのように想像し、創造とはあたかも無と存在の間の無限な中間帯における一種の変化であるかのように考える虚偽にもとづく、と指摘している。[11]

Ⅷ　トマス自身の哲学的・形而上学的な「創造」概念が形成される場所は、さきに触れたよ

うに、われわれの経験する事物である。トマスはそれを「被造物（creatura）における何らかのもの」であると述べ、「何らかのもの」とは創造主（creator）――事物の存在の根源としての――への何らかの関係（relatio quaedam）であると説明する。[12] さらにこれを補って「創造は何らかの新しさ、もしくは始まり（quaedam novitas seu inceptio）をともなう、被造物の（事物の第一の根源である）創造主への関連を含意する」[13] と述べている。しかし、これだけではまったく字句の説明であり、創造の哲学的概念とは言えない、という印象が避け難いかもしれない。「新しさ」とは「存在の新しさ」である、[14] と説明されてもその印象は変わらないであろう。

しかし、われわれはトマスがここですくなくとも一つの重要な、逆説的とも言える主張をしていることに注目する必要がある。それは、創造は根本的に関係として理解しなければならない、という主張である。創造は何らかの関係である、という主張はそれだけではあまり多くのことを語っていない、と思われるかもしれない。しかし、われわれが経験する事物（被造物）において考察されるかぎり、創造は「造る」という働き・能動でもなければ、「造られる」という受動でもなく、関係である、と言われると、この主張の重要さ、あるいは逆説性がすこし理解されるのではないか。要するに、トマスは創造は関係であると主張することによって、それはいかなる意味でも変化（mutatio）ではない、というラディカルな主張をしているのであり、創造を哲学的・形而上学的に厳密に理解するためにはそのことの理解が根本的に重要であると言いたいのである。

Ⅸ

「創造」という言葉がわれわれの心に呼び起こすのは、何か壮大な「造る」働き——それによってそれ以前には存在しなかったこの全宇宙が存在しはじめるような——であるが、われわれはいったい「造る」ということからすべての変化という要素を取り除くことができるのか……トマスはそのことを要求するのであるが。そのためには、さきに存在《エンス》の全体的・普遍的認識への道として述べたような、人間知性の能力を極限までふりしぼって行う思考努力が要求されるであろう。厳密に哲学的な創造概念から取り除かれなければならないのは、たんに感覚に訴える絵画的な想像の場面だけでなく、より抽象的な、変化を量的に精密に記述する数学的性格の想像にも及ぶのである。「創造は何らかの関係である」というトマスの単純・素朴に響く主張を支えていたのは、実はそのような厳格極まる概念形成への執念であった。

創造は哲学的に、つまりわれわれが経験する事物に即して考察するかぎり、変化ではなく関係として理解しなければならない、というトマスの立場を、その議論の細部に立ち入って検討することはできない。しかし、彼が『神学大全』の創造論と同時期に行った定期討論(Quaestiones Disputatae)『神の能力について』(全一〇問題) 第三問題「創造について」(一七の討論項目をふくむ)、およびそれから約五年後にパリ大学で、「神によって創造されたこの世界が始まりをもつことは理性によって論証できる」と主張する、ボナヴェントゥラを中心とするフランシスコ会神学者たちに対して行った論争から生まれた著作『世界の永遠性について』を読むと、トマスが哲学的な「創造」概念の形成にどれだけ大きな思考努力をつぎこんだかがよく推察できる。

とくにトマスと同時期にパリ大学神学部で教授資格を取得し、いくつかの問題では協力して論陣を張ったボナヴェントゥラが、この論争では、トマスに次のような嘲弄《ちょうろう》とも言える言葉をあびせたのである。

万物が無から造られたことを認めておいて、世界が永遠であるとか、永遠的に造られたと主張することは、まったく真理と理性に反する、と言わなくてはならない。そしてこれはあまりに理性に反しているので、私はいかに認識能力の乏しい哲学者であってもかかることを主張した者はいないと信じる。というのも、この主張は自らのうちに明白な矛盾をふくんでいるからである。[15]

トマスもこれに対抗して、「そうか、かれらだけが（理性的な）人間の名に値し、知恵はかれらをまってはじめて生まれでたというわけか[16]」と皮肉をとばしている。しかし、トマス自身の議論は、無からの創造、したがってまた世界に始まりがあったということは、信仰によってのみ肯定できる神秘であって、けっして論証可能なこと、もしくは学的に知りうることではない、ということ、および創造は他のあらゆる「造る」働き（有限な世界における特殊的な因果性）とは違い、何ら変化の要素をふくまないこと、を、厳密かつ徹底的な仕方で示すことに向けられていたのである。

X　このようなトマスの創造論の第二段階としての哲学的な「創造」概念は、多くの読者に意外なものと映るかもしれない。神学者トマスは「無からの創造」を彼の哲学的な創造論の基礎に据えたであろうと想像する人々は、トマスが哲学的・形而上学的には創造を基本的に関係として理解しており、創造が関係であるかぎり、世界が神によって創造されたということと、世界は常に存在した（その意味で永遠である）ということの間には何の矛盾もない、と主張したことを知って大いに驚くかもしれない。

たしかにトマスの哲学的な「創造」概念には、一見矛盾と思われるほどの強い内的緊張がふくまれている。彼は一方で人間知性による存在《エンス》の探究を、人間的言語によって明確に言いあらわすことのできる限界ぎりぎりのところまで徹底させて、存在《エンス》の全体的・普遍的認識を追求し、そのことによって「第一根源（神）による存在全体の流出」としての創造が論証可能であることを示している。その同じトマスが、「第一根源からの存在全体の流出」という神的創造の働きをこの上なく明確に言いあらわす哲学的概念であるように思われる「無からの創造」は信仰のみによって肯定される事柄に属すると主張し、したがって世界に始まりがあるということも信ずべきことであり、学的に認識され、論証可能であるような事柄には属しないとして、哲学的議論の領域から排除しているのである。彼の哲学的な創造論のうちにある、このような一見対立する主張をどのように理解したらよいのであろうか。

私は次のように見ることによって、ここで一見矛盾ないし対立と思われるものは、たしかに内的緊張ではあるが、けっして両立しない対立ではないことを理解できると考える。トマスの言う関係としての創造とは、世界はその存在において、常に、そして全面的に神に依存するということであり、そのことは理性によって確実に論証できることである。同じことが「第一根源（神）による存在全体（totum ens）の普遍的な流出（emanatio universalis）」[17]という創造の哲学的定義についても言えるのであり、このような関係としての創造が論証可能であることについてはトマスの立場は明確であり、一貫的である。

しかし、「関係としての創造」は、われわれが経験する事物に属することとして語られているのであって、神の創造する働きそのものがそこで捉えられているのではない。ところが「無からの創造」において語られているのは神の創造する働きそのものであるほかなく、それは神の本質と同じ神秘であって、ただ信仰のみによって肯定される真理である。そして、トマスは信仰のみによって肯定される事柄を、あたかも論証可能であるかのように見誤り、それらを哲学的議論のなかに持ちこむことに対して極度に慎重であり、そのことを徹底的に拒否するのである。トマスの哲学的な創造理解のうちに認められる内的緊張は、三位一体の神秘の場合と同様に[18]、信仰に属する事柄を、学的に認識しうる事柄、ないし論証しうる事柄から明確に区別したことに由来するものであり、トマスを注意深く読む者は、彼が「信仰のみによって」(sola fide) という表現によって、この区別の重要性を強調していることに深く印象づけられるのである。

XI　これまで行ってきた考察は、次に来るトマスの『神学大全』における創造論の第三段階、つまりトマスの創造論の中心である神学的な「創造」概念、まさしく神自身の働きとしての創造を適切に理解するための準備であった。なぜ創造についてのこのような哲学的・形而上学的考察が必要とされるのかと言えば、われわれの心を神的創造という現実に対してふさわしい仕方で開くためである。創造についての哲学的考察は、神の働きとしての創造に対するわれわれの関心は、この世界の始まりについての知的好奇心のようなものではありえないことをあきらかに教えるものであった。それというのも、哲学的な「創造」理解は、世界が、そして何よりもこの私が、その存在全体において常に第一根源である神に依存していること、したがってまたこの絶対的な依存という関係を離れては、私はまったくの虚無であることを示したからである。

われわれはよく、この私という人間が広大な宇宙のなかでどんなに取るに足りない微小な、また束《つか》の間《ま》の存在であるかを口にするが、この世界と私がそれ自身としてはまったくの虚無にすぎないという創造の教えにくらべると、何とも間延びした話にしか響かない。そして創造の教えによって私自身につきつけられた私の「創造主への依存の関係を離れてはまったくの虚無」という存在論的地位の自覚は、私自身の生き方、考え方に関して根本的な決断を迫るほどの重さをふくんでいるのである。創造に対するわれわれの関心はこの世界の始まりについてのたんなる知的好奇心ではありえない、とさきに述べたのはこのような意味においてであった。

XII　創造の教えはわれわれに生き方・考え方に関して根本的決断を迫る、という表現は、事柄の誇張であり、論理の飛躍をふくむように響くかもしれない。それはトマスの言い方に従うならば、創造という現実に直面し、それについて適切に考察し、理解するためには、それをあたかもこの世界における一つの変化であるかのように宇宙論的な観点から考察するのではなく、われわれ自身の「究極的関心」の問題として、端的に言えばわれわれの「救い」にかかわる問題として考察しなければならない、ということである。そして実際に『神学大全』においてトマスはそのような観点から創造の問題を神学的に考察しているのである。

しかしこれに対して、トマスにおいて創造は神の存在と同様、人間の理性のみによって認識できる自然神学の問題であり、他方、救いは聖書にもとづいてはじめて成立する啓示神学の問題ではなかったのか、という疑問を抱く人が多いかもしれない。しかし、そもそもトマスには厳密な意味での神学は聖書、あるいはむしろ「教える神」にもとづく啓示神学しかないのであって、「自然神学」のようなものはなかったのであり、そして創造は神の働きであるかぎり、根本的に神の知恵と愛の業《わざ》である救い、という枠組みのうちでしか理解できない問題だったのである。

トマスは三位一体論のなかで、神のペルソナについての認識は、事物の創造についてわれわれがただしく考えることのために必要であった、と述べている[19]。それは、神は御自身の言《ことば》

（というペルソナ）によって万物を造り給うた、と認識することで、諸々の事物は自然必然性によって神から流出したのではなく、言《ことば》すなわち神の知恵にもとづいて造られたことが肯定され、また聖霊のペルソナ、すなわち神自身の恵み深い愛によって造られたことが肯定されるからである、と彼は言う。それに続いて、三位一体なる神についての認識は、人類の救いが、神の御子である言《ことば》の受肉と、聖霊の賜物によって成就されるものであることについてただしく考えることのために必要であった、と言われている。[20]そこで、この三つのことを結びつけると、トマスが創造を、三位一体なる交わりの神による人類の救いという枠組みのなかで考えていたことはあきらかである、と言えるであろう。

たしかに、創造するという働きは神の存在《エッセ》、すなわち神の本質に即して神に適合することであり、神のどれか一つのペルソナに固有の働きではない。[21]しかし、神の諸々のペルソナは、それらが（神のうちなる）発出（processio）であるという本質側面に即して、事物の創造（つまり神の外への発出）に関して原因性（causalitas）を有する、とトマスは主張する。つまり、神は自らの知性と意志によって諸々の事物の原因なのであり、それは父なる神（のペルソナ）が言《ことば》である御子のペルソナと、愛である聖霊のペルソナによって諸々の被造物を造りだす、ということである。[22]「そして、このことにもとづいて、諸々のペルソナの発出は、それらが知（scientia）と意志（voluntas）という本質的属性をふくむかぎりにおいて、諸々の被造物の産出の根拠（ratio）である」[23]とトマスは言明している。さらに彼は「諸々のペルソナの発出は、或る意味で、創造の原因であり根拠である」[24]と付言しており、神の創造の働きは三位一体という神のうちなる交わりにもとづいて、つまり神の救いの業という枠組みにおいてのみ、その意味を適切に理解できることを強調している。

XIII　これまで述べたところから、トマスによると、神による万物の創造と人類の救いは、父なる神が御子と聖霊を通じて行うものであって、その点に関してはこの二つの間に何の違いもない、とされていたことがあきらかになったと思う。それらは共に、神の知恵と愛によって成就される業である。創造は何か宇宙論的な出来事ないし過程であって、救いは創造によって準備された舞台で展開されるドラマのようなものだ、と考えるのは誤りであり、創造はまさに救いの歴史の観点から理解されるべき神の業なのである。

たしかにアウグスティヌス（Aurelius Augustinus　三五四―四三〇）の有名な言葉「神はあなたをあなたなしに創造し給うたが、あなたをあなたなしに義となし給うことはないであろう」[25]が言いあてているように、救いは神の呼びかけ・招きに人間が自由に、信仰をもって応答することによって成就されるのに対して、「創造する」のは神のみである。そこには決定的な違いが認められる。しかし創造はたんなる自然必然的な出来事ではなく、神の知恵と愛による業であって、存在そのものである神が自らの存在を分与し、自らの存在と生命の豊かさへの参与を他者にゆるすことであり、そこに救いの業と同じ神の愛が読みとられるのである。さらに人間の創造にさいしては、神は人間を神自身との親密な、友としての交わりに入るべき者として創造された、というのが聖書の教えであり、トマスの神学的な「創造」

概念であった。このように見てくるとき、トマスが理解した創造とは、この世界の始まりについてわれわれが抱く好奇心に答えてくれるような、宇宙論的説明あるいは宇宙神話的な物語とはまったく異なった次元に属するものであったことはあきらかであろう。

XIV　ここでわれわれは、この章の始めに提起した問い――「『神学大全』でトマスが提示している『創造』理解は、こんにちのわれわれに何を語りかけているのか？」――に答えなければならない。それは同時に、この語りかけがわれわれにつきつけている挑戦とはどのようなものであるかをあきらかにすることであろう。

トマスが彼の創造論において語ろうとした第一のことは、われわれの側から見て創造とは何であるかは、哲学者たちの長い、様々の困難と失敗を含む探究を通じて、徐々にあきらかにされたのであり、われわれもまた創造の問題を正しく理解するためには存在の全体的・普遍的な認識をめざして徹底した知的探究を進めなければならない、ということである。

第二に、創造とは、哲学的・形而上学的には何らかの関係として理解しなければならない、という立場をとることでトマスが何よりも強調しているのは、われわれが創造について知的に認識し、理性によって論証できることは、神自身の働きとしての創造は何でないかを示すことだけに限られる、ということであった。言いかえると、創造は何よりも信仰の神秘であって、そこにはわれわれが自らの思考や認識能力のみによってはまったく触れることのできない意味がふくまれていることの強調であった。

第三に、トマスが神学的な「創造」理解において語ろうとしたのは、創造は救いの業と同じく、三位一体なる神の知恵と愛による働きであり、人間はそこに自らの存在の究極の意味を読みとるように努めなければならない、ということであった。ここで私はパスカルが[26]『パンセ』で洞察に満ちた言葉で「神から離れて在る人間の悲惨さ、神と共なる人間の偉大さ」について語ったことを想起せざるをえない。人間は悲惨さと偉大さが同居する大きなパラドックスであること、この上なくかよわく、はかない存在であると同時に、自然の支配者、所有者であることを誇る人間の悲惨と栄光は、われわれに強く訴える人間論の重要なテーマである。しかし、それは人間とこの世界の全体がそれ自体としてはまったくの虚無でありながら、それらすべてが神によって知られ、愛されることによって「在る」のだという創造の神秘の前では何か輝きを失った、力弱い語りになってしまうように思われる。

そして「創造」それ自体、つまり神自身が行う働きとしての「創造」は信仰によってのみ肯定される神秘であるかぎり、われわれが「創造」の意味を徹底的に追求しようとする場合、信仰の神秘に対して自らを開くか否か、という選択を迫られることになる。もちろん、われわれはこの選択を回避することもできる。しかし、その場合にはキリスト信者が長い間、その基本的信条の最初に宣言してきた創造主なる神に対する信仰にもとづいて形成してきた自己理解、および世界理解の豊かな遺産をも放棄することになろう。それでよいのか、われわれはむしろ、神の知恵と愛による世界の創造という信仰の神秘に自らを開き、自己および世界理解を徹底的におし進めるべきではないのか、というのがトマスの創造論がわれわれにつきつける挑戦であるように思われる。

第五章 「悪」の問題

I トマスが『神学大全』で悪の問題と取り組んでいる主な箇所は、第一部創造論のすぐ後で善・悪の区別と悪の原因について論じている箇所、第二部に入って人間の徳（virtus）についての総論的な考察に続いて、徳に対立する悪徳（vitium）ないし罪（peccatum）についてやはり一般的に論じている箇所の二つである。このほか第一部天使論の終わりの部分で天使の罪、罪を犯して堕落した天使、つまり悪魔に対して与えられる罰についても論じており、また第二部では人間の諸々の徳について各論的に詳細に考察しているが、そのさいそれぞれの徳についての考察の後に、それらに対立する罪や悪徳についても詳細に論じている。

しかし、実を言えば、悪の問題に関するトマスの立場を適切に理解するためには、これらの箇所だけではなく、人間の救いに関わる諸々の神学的考察にも目をくばることが必要である。たとえば神の恩寵、救い主キリストの生涯、とくに十字架の受難、さらに洗礼をはじめとする神によって制定された救いへの道としての諸々の秘跡《サクラメント》、とくに悔い改めあるいは赦《ゆる》しの秘跡などの神学的考察をすべて参考にする必要があることを指摘しておきたい。なぜなら、トマスによると、人が自らの罪を罪として自覚するのは神の赦しという恵みの光によって罪の本質に対して目が開かれるときであるように（このことについては後に詳しく述べる)、われわれが悪を悪として認識できるのは、それが対立し、傷つけ、ゆがめている善、たんにあれこれの特殊な善きものだけでなく、善そのもの——究極的には神——の認識に到達したときだからである。

II　ところで悪の本質に関するトマスの立場——というより、トマスはこの問題に関するキリスト教思想の代表者と見なされることが多いのだが——は、屢々《しばしば》あまりに安易で楽観的だと非難されることが多い。トマスは、人々に襲いかかり、絶望へとさそう災害や苦難、自らのうちなる善・悪の葛藤から生まれる罪悪感の深刻さ、などの悪に直面していない、と批判されるのである。そして、これらの批判が標的としているのは、悪とは「善の欠如」であり、善は存在と等置されるものであるかぎり、悪は「存在の欠如」である、という悪の定義である。裏から言えば、トマスはすべて存在しているものは存在するかぎり善い、と主張していることになり、これは現実逃避のオプティミズムにすぎない、というわけである。

この批判に対しては、ひとまず次のように答えることができよう。「すべて存在するものは存在するかぎり善いものである」という主張は、われわれを苦しめる害悪、およびわれわれを縛り、ゆがめ、ついには破滅させせかねない罪悪が現実の世界に存在することを否定しているのではけっしてない。むしろそれら「害悪・罪悪」と呼ばれるものは存在論的には何らかの善に寄生し、当の善をいわば空虚化しているものである。つまり、悪は自分がとりつき、蝕《むしば》み、空虚化する善があってはじめて存在するのであって、それ自体としては存在しない、というのが、「悪は存在の欠如」というトマスの「悪」の定義の真意なのである……。

このようにトマスの「悪」の定義に対する誤解を指摘した上で、彼の著作のなかからトマスが人間本性の「堕落」ないし「病い」について極めてペシミスティックな見解を表明している箇所を数え上げて、彼はけっして害悪や罪悪の現実から逃避していたのではないという反論を構築することも可能であろう。しかし、私の考えでは、このような議論の段階にとどまっていては、トマスの「悪」理解の真の意味に触れることは不可能であり、また彼の立場が現代のわれわれにどのような問題を投げかけ、どのような挑戦をつきつけているかをあきらかにすることはできない。

そこで次に、「善の欠如」という、一見、悪の現実から逃避するネガティブな立場を示すように響くトマスの「悪」理解の真の意味をつきとめ、それが悪（われわれを苦しめる様々の害悪と、われわれが自由意思によって為《な》す悪、言いかえるとわれわれが避けたい、克服したいと望んでいる罪悪をふくめて）の問題に直面するわれわれに、どのような解決――むしろ悪からの解放――への道を示してくれるのかを探ってゆきたい。

ここで念のために付言しておくと、トマスの「悪」理解に対しては、悪の現実に直面しないという批判と並んで、神的な規範（自然法）にもとづいて善と悪をあまりに決定的に対立させている、という批判が向けられることがある。この批判については、倫理的に善・悪を決定的に対立させていることは確かであるが、この対立が根源的な善・悪二元論の意味に解されるならば、その批判はトマスにはあてはまらない。根源的な善・悪二元論はキリスト教にとって永遠のライバルとも言えるグノーシス主義やマニ教の立場であって、トマスの立場はさきに触れたように「悪は善の欠如である」という根源的な「存在・即・善」を主張しているのである。

Ⅲ「悪は善の欠如」という「悪」概念を最初に明確に打ち出したのはアウグスティヌスであるが、それが広く知られ、思想史のなかで定着するようになったのはボエティウスの『哲学の慰め』によってである、と思われるので、そこから議論を始めることにしたい。

『哲学の慰め』第一巻第四章で、無実の罪のため投獄され、権勢の絶頂から悲惨の底へとつき落とされて今や処刑を待つ身となったボエティウスは、威厳のある貴婦人の姿で現れた「哲学」に対して自分が蒙《こうむ》った諸々の不正と不運を訴える。そのなかで彼は「あなた（哲学）の弟子のなかの或る者（エピクロス）が『もし神が存在するなら、悪はどこから来るのか。だが、もし存在しないなら、善はどこから来るのか？』と尋ねたのは理由のないことではありませんでした」と述べて、もし世界が全能で最高善である神によって創造されたのであるならば、その世界に悪が存在するのは不可解だ、と疑問を投げかけている。

「哲学」は第三巻第一二章でこの疑問に単純・明快な、しかし神秘に満ちた答えを与える。

「神が」と哲学は言った。「すべてを為しうることを疑う者はだれもいるまい」。「たしかにだれも」と私は言った。「精神が確かならけっしてそれを疑いますまい」。「だが」

と哲学は言った。「すべてを為しうる者が為しえないことは何もない」。「何もありません」と私は言った。「ところで神は悪を為しえないのではないか、そうだろう?」「決して為しえません」と私は言った。「それならば悪は」と哲学は言った。「無である、というのも、為しえないことがない御方がそれを為しえないというのであれば」。

ボエティウスは、「悪は虚無である」という「哲学」によって提示された結論が、非のうちどころのない論証によって到達されたものであることを認めつつも、それによって説得され、慰めを得ることはない。彼には「哲学」の議論は、「神が為しえないことは何もない」(Nihil est quod Deus facere non potest.)という命題を「神が為しえないものは虚無である」と読みかえて、(神は悪を為しえないのであるから)「悪は虚無である」という結論を引き出す言葉の遊びと映ったようである。

Ⅳ ボエティウスがこの段階で「哲学」が与える答えに納得しないのは、彼がまだ「哲学」の答えの前提となっている「存在」と「善」(悪はそれの欠如であるとされる)についての全体的・普遍的な認識に到達していないからである。そのことをあきらかにするために、ボエティウスよりもほぼ一世紀前に生きたアウグスティヌスが悪の問題に対して与えた答えに目を向けることにしたい。

アウグスティヌスは回心の約一〇年後に完成した『自由意思論』を、対話相手のエヴォディウスの「お尋ねします、教えてください、神が悪を作った御方ではないのかどうか？」という問いで始める。[1] この後で、エヴォディウスが「われわれは悪を為すことを《学ぶ》とは言えないとすると、どこからしてわれわれは悪を為すようになるのですか？」と尋ねるのに対して、アウグスティヌスは次のような切実で情感のこもった答えを与える。

「お前が尋ねているのは、ほんの若者だった私を烈しく駆りたて、疲れ果てさせ、異端者の群れへ投げこみ、破滅させてしまった問題だ。この転落で私はひどくいためつけられ、空《むな》しいつくり話の巨大なかたまりに埋めこまれたので、真理を見出したいとの私の熱愛を神が聴きとどけて助けてくださらなかったならば、私がそこから逃れ出て、探究のための第一の自由そのものを回復することはできなかっただろう」[2]。

『哲学の慰め』では「もし神が存在するなら、悪はどこから来るのか？」という問いかけであったのが、ここでは「(もし神が悪の作者ではないのであれば) どこからしてわれわれは悪を為すようになるのか？」という問いかけになっている。問題は同じであり、われわれはすべてのものが神によって創造されたことを信じ、しかも神は悪の作者ではないと信じている。しかし、もし罪という悪が霊魂に由来するものであり、そしてこれら霊魂が神からのものであるなら、どうして悪を神へと遡らせないですむのか、と言いあらわされる。

この問題についてアウグスティヌスが『自由意思論』のなかでどのように論じ、どのような解答を与えているのかを詳しく紹介することはできないが、議論のしめくくりの部分で次のように述べているのに注目したい。アウグスティヌスは、悪とは意志が不可変な善（神）から離反し、可変的な諸々の善きものへと転向することであると述べた後で、この「主なる神からの意志の離反」は疑いもなく罪であるが、われわれは神が罪の作者であるとは言えない、ではこの（離反という）運動が神からではないとしたら、どこから来るのか、と問う。そしてこの問いに対するアウグスティヌスの答えは、エヴォディウスだけでなく、後世のすべての読者を失望させる「私は知らない」である。なぜ「私は知らない」と言うのか？ アウグスティヌスが挙げる理由は極めて単純で、神秘に満ちている。「罪であるとわれわれが確認した（神からの）あの離反の運動は、欠陥的運動であるが、すべての欠陥は虚無から来るものである。そして虚無であるものは知られえないからだ」[3]。

実は、アウグスティヌスはこれよりも一〇年前、回心の直後に書いた『ソリロキア（独白）』のなかで、この『自由意思論』の謎めいた言葉を理解するための貴重な指針を提供している。[4] それは、「神は、真実に在るものへと逃れる僅《わず》かな人々に、悪は虚無であることを示し給う」という、創造の視点からの悪の問題に対する応答である。『自由意思論』における悪の起源をめぐる議論、そしてボエティウスの「悪は虚無である」という主張は、この創造の視点にもとづいてはじめて理解できるのである。ここで言う「創造の視点」とは、『創世記』第一章で語られている六日間で行われた「天地の創造」のそれぞれの日のしめくくりに「神はこれを見て、良しとされた」、そして六日間の創造の終わりには「神はお造りになったすべてのものを御覧になった。見よ、それは極めて良かった」と記されていることを指すものである。それは、すべての存在するものは、神によって創造されたものであるかぎりにおいて、根源的に善いものとして肯定されている、ということである。創造主である神の目に映るものはすべて善い——聖書のこの教えは、神の目で世界を見ることのできないわれわれにとっては測り難い神秘である。しかし、この神秘を受けいれないかぎり、われわれが「悪」に対して抱く「在ってはならないもの、為してはならないこと」という根本的直観は説明のしようがないのではないか。だから、すべてのものを「善し」と見る神の目には、「悪」は虚無なのである。

実際にアウグスティヌスは「私は知らない」という答えに先立って、それが悪の問題について正しく考えるために必要な予備的考察であることを理解しない者には、まったく無意味で不必要と思われるほど詳細に、神はたしかに存在すること、すべての善いものは神から来ること、われわれがそれによって罪を犯す自由意思は、神によって創られたものであるかぎり、善いものであること、を論証している。この論証が十分に理解されているならば、悪の起源を自由意思を超えて遡らせることができないことはあきらかであり、そこから「私は知らない」（それは虚無だから）という答えしかありえないことも理解されるはずだ、というのがアウグスティヌスの考えだったのである。

V 「悪は無である」というボエティウスとアウグスティヌスの言葉は、それが極めて切迫

した仕方で悪の問題に直面し、苦闘せざるをえなかった人間から出たものであるだけに、それを理解することは必ずしも容易ではないとしても、悪の現実からの逃避として簡単に片づけることのできない重さをもつことは確かである。そして、「悪は善の欠如」というトマスの形而上学的な「悪」概念は、アウグスティヌスやボエティウスによって切り拓《ひら》かれた道においてのみ適切に理解できる、と言えるであろう。

ここで『神学大全』のなかの「悪」の本質に関する形而上学的な議論に目を向けよう。トマスは神の創造の業《わざ》そのものの考察に続いて、神によって創造された事物の多数性と区別、それら事物の間の不均等（より完全・より不完全なものという差異）も創造の業に属することを主張し、そうした段階的秩序をふくむ「世界秩序」(ordo universi) こそ神が世界を創造するにあたって意図した善であると言う。そしてこのことを背景にしながら、この世界における悪の問題を取り上げる。つまり、悪の本質は、それ自体においてではなく、根源的に神によって創られた世界の善ないし完全性の光の下に探究されるのである。トマスは言う。

> 神と自然、そしてあらゆる能動原因は全体においてより善いものを作りだす。したがって、もし神が何らかの悪（有限な、何らかの善を傷つけ、破壊する悪だけでなく、無限な善そのものに背き、拒否する悪もふくめて）も存在することを許容しなかったならば、多くの善いものが取り去られたことであろう。[5]

トマスは悪の原因の探究が最終的に行きつかざるをえない「神は悪の原因であるのか？」という問いと取り組む前に、「善は悪の原因でありうるか？」[6]と問う。トマスによると、善の欠落である悪には何らかの原因があるはずであるが、およそいかなるものも存在するかぎりで、したがってまた善であるかぎりで原因でありうるのであるから、悪の原因は善でなければならぬことはあきらかである。しかし、「善」が「悪」の原因である、という言明は一見、矛盾をふくんでおり、「原因」の意味をはっきりさせる必要がある。アリストテレスは『形而上学』第五巻（いわゆる「哲学用語辞典」）で原因には事物を内的に構成する二つのもの、すなわち事物が「それから」生成される質料と、事物の「何であるか」を規定する形相、事物に外から働きかける二つのもの、すなわち作出ないし作動者と、物事が「それのために」である目的という四つの原因を区別している。[7] いま、この区別にもとづいて言うと、「悪」が「善」によって悪たらしめられるとか、「悪」は「善」のためにある、といったことは考えられないから、善が悪の形相因、目的因であることは不可能である。また悪が善を素材・質料とすること（悪が諸々の善から成り立つこと）の不可能性も明白であるから、残るところ善は悪の作動原因でありうるかが問題となる。ところで、自体的には善は善を、存在には存在を生ぜしめるのであるから、善の欠如としての悪は、ただ付帯的（per accidens）にのみ善によって生ぜしめられる、つまり善である原因が何らかの善い結果を生ぜしめるときに、それに付随して悪が生ずる、との結論に到達する。[8]

Ⅵ「神は悪の原因でありうるか?」という問題に関しては、最高善である神は、その存在と働きにおいて至高の完全性を有するから、付帯的に悪を原因すると言っても、それは神の働きの欠陥にもとづくものではありえない。ただ神が或る善い結果を生ぜしめるさいに、それにともなう帰結として(ex consequenti)或るものが傷つけられ、破壊されるかぎりにおいて、悪の原因であると言われる、とトマスは説明する。つまり、神はすべての事柄において主要的に世界秩序という善を生ぜしめつつ、同時にその帰結として付帯的に事物の破壊を原因するのである。しかし、それはあくまで何らかの有限な善きものを傷つけ、破壊する災害・苦痛としての悪(poena)であり、無限な善そのもの(神)への背反としての悪(culpa)を神が原因することはありえないことをトマスは強調する。[9]

このトマスの立場は、彼が悪の問題を考察するさいに前提としている人間の救いに関わる諸々の神学的主題――とくに十字架の神学についての探究――から切り離されて、それだけで悪の問題に対する哲学的解決であるかのように解釈された場合には、一種の安易な「神義論」として受けとられるおそれがある。たとえば神によって創造された世界のうちに、悪はたしかに存在することを肯定した上で、トマスは次のように言明する。

> もし神がいかなる悪のあることをも許さないとしたならば、幾多の善が失われたにちがいない。たとえばろばが餌食になることなしには獅子の生命が保たれることはないであろう。さらにまた不正というものなくしては、それの償いを求める正義や、それに堪

える忍耐が賞賛されることもないにちがいない。[10]

この見解に対しては、すぐに次のような反論が向けられるであろう。「ではあなたはこの世界の諸々の悲惨と苦難――アウシュヴィッツ、広島、長崎もふくめて――を、そこから結果する何らかの善のゆえに、宇宙全体のより大いなる善のゆえに正当化するのか？」。

Ⅶ　この反論はまったくの誤解にもとづくものであり、トマスは悲惨や苦難にうちひしがれ、歎《なげ》き、悩んでいる人々にとって「世界秩序」というより大いなる善が問題の解決であり、慰めといやしをもたらすとはけっして考えていない。そのような慰めといやしは、十字架の神秘において示された神の愛と憐れみのうちに探らなければならない、と彼は考えていた。神は悪の原因であるか、という問題をめぐるトマスの主張は、すべて存在するものは神によって存在し、すべての善きものは神から来るものであるから、われわれは神はけっして悪を意図的に生ぜしめないことを知っている、ということであり、それ以上でもなければそれ以下でもなかったのである。

トマスはこのことをより明確にするために、「神という最高善が悪の原因であるか」という問いに続いて「すべての悪の原因であるようなひとつの最高悪があるか」[11]と問う。トマスは諸々の悪の第一根源である最高悪（summum malum）は存在しえないことを、（1）何ものも自らの本質によって悪ではありえない、（2）悪は必ず善を基体・担い手として存在する、（3）悪は第一原因たりえない、という三つの論拠から論証しているが、ここで注目したいのはむしろトマスの次の主張である。トマスによると、善、悪という二つの第一根源を主張する論者の誤謬《ごびゅう》のもとは、創造の問題の場合と同じように、存在全体の全体的・普遍的原因に到達するところまで探究を進めることができず、たんに諸々の特殊的結果の特殊的原因を考察するにとどまり、その段階で事物の善悪を判断したことである。つまり、対立的な二つの特殊な結果に対応する二つの特殊な、互いに対立する原因をつきとめるにとどまって、そこからさらに、それら両者に共通する一つの原因を見出すところまで探究を徹底させなかった、というのである。

このトマスの言葉はそのまま、「悪は善の欠如」という彼の「悪」理解を批判する論者に対する「挑戦」と解することができるであろう。というのも、トマスによると、悪を存在あるいは善の欠如とする見解を斥《しりぞ》けて、善と悪をどこまでも対立的な根源、実在として捉え、最終的には悪の第一根源としての最高悪ないし根元悪の存在を主張する論者は、悪の現実をより直接的かつ切実に経験し、その本質をより十分に捉えているように見えて、実は悪の本質ないし原因の探究を中途で放棄しているからである。これに対して、悪の本質、およびその原因をどこまでも善（そして存在）にもとづいて解明しようとするトマスの立場は、けっして悪の現実からの逃避ではなく、むしろ悪の問題に関する知的探究の徹底的な遂行であると見ることができよう。実際、悪の理論的解明が善にもとづいてのほか為されえないように、悪の実践的解決も、最終的には善の力によるほかはありえないからである。悪の現実との直面、悪との戦いについて語るにあたって、われわれはこのことをあらためて確認する必要があるのではなかろうか。

VIII

ここまではトマスが「罰・苦痛の悪」(malum poenae) と呼ぶ悪と、「罪過の悪」(malum culpae) と呼ぶ悪をふくめて、悪の本質および原因の問題を考察してきたが、ここで後者、つまり人間が自由意思によって為す悪——罪ないし悪徳——に考察を限って、トマスの立場をより詳細につきとめることにしよう。われわれは普通、自由意思とは善をも悪をも選択し、為しうる能力であり、自由意思によって人間は自らの行為の「主（支配者）」である、と考えている。それは誤りではないが、より厳密に言えば、人間が自由意思によって「悪を為す」とき、人間は自由意思を「使用・行使」(usus) するというより、むしろ「乱用」(ab-usus) している、つまり使用しそこなっているのである。トマスによると、たしかに人間は自由意思を有することによって自らの行為の原因であり、主であるが、自らの行為の第一原因であるのではない。[12] ところが、われわれは人間の自由を絶対化する誤りに陥り易く、自由であることは自らの行為の第一原因であることだ、と思いこみ易い。そして罪としての悪とは、自由である人間が、あたかも自己が第一原因であるかのようにふるまうことにほかならない。

人間が自由意思によって悪を為す、ないし罪を犯すことは、（罪という）悪の原因に関してもう一つの問題を呼び起こす。それは、こうした悪が自由意思によって為されるものであり、そして自由意思が第一原因である神に由来することを認めた場合、神が悪の原因であるという結論を避けることはできないのではないか、という問題である。この問題について、アウグスティヌスは、さきに触れたように、倒錯し、歪んだ意志（voluntas improba）がこうした悪の原因のすべてであって、それよりもさらに遡ってその原因を尋ねるのは無意味であることをあきらかにしており、[13] トマスはアウグスティヌスのこの立場に全面的に同意している。彼がアウグスティヌスに何かを付け加える必要を感じていたとすれば、それは「原因」という言葉をより厳密に規定した上で、より論理的にこの問題を解明することであった。[14]

トマスの立場は、さきに悪の「原因」について一般的に述べたところに従って、自由意思が自体的な原因[15]として生ぜしめる結果とは、「行為」[16]であって、行為を蝕む「悪」ではない、というものである。行為を蝕む悪も行為そのものにともなって生ずるとは言え、それは人間が自由意思によって意図したものではなく、また自由意思のちからによって生ぜしめられたのではない。その意味で自由意思はこうした悪の付帯的原因であるにとどまる、とトマスは考えている。[17]

しかし、このトマスの主張には納得しない論者が多いであろう。彼らは、その自由意思における何らかの欠陥、つまりはアウグスティヌスの言う倒錯した意志が悪の原因であるから、自由意思が、したがってまたその創り主である神が何らかの意味で悪の原因である、という結論は避けることができない、と主張するに違いない。ところが、この異議申し立てに対するトマスの応答は、一見、極めて逆説的である。トマスによると、自由意思はどうして悪い選択を行うのかを探究すると、自由意思のうちに何らかの欠陥（defectus）が先在することを認めなければならないが、この欠陥はそれ自体として見れば過失とか、悪意といった側面をふくまない、いわばたんなる否定ないし不在であって、あってはならない欠陥としての欠如（privatio）ではなく、したがって「悪」ではない、と言うのである。[18]

より詳しく言うと、トマスによるとこの欠陥とは、人間の意志が（具体的な選択行為に先立って）自らにとっての規則・規準である理性と神の法とに対して、（それらに従い、それらによって規制されるように）注意を向けていない（non attendere）ことに存する。ところが意志が善を選び・為すために必要とされるのは、理性と神の法によって導かれ・規制されつつ（現実に）行為することであるから、「現実に」行為するに先立って、人間の意志が（それが従うべき規則・規準である）理性と神の法に注意を向けていないこと自体は悪（罪過と罰・苦痛のいずれの意味においても）ではないのである。なぜなら、（人間の）精神はこうした規則・規準に、常に現実に注意を向けていなければならないのではなく、またそれは可能でもないからである。意志の選択行為が罪過の特質を帯びはじめるのは、規則・規準に現実に注意を向けることなしに選択へと進むことによってであり、それは大工が常に、物指《ものさし》を手にしていないことで過《あやま》つことはないが、物指を手にしないで鋸《のこぎり》を用いることから切り過つのと同じである、とトマスは説明する。[19]

このように、トマスによると人が罪を犯すとき、たしかに悪い選択行為に先立って意志のうちに欠陥が見出されるが、その欠陥はそこに在るべき善の欠如、すなわち悪ではなく、たんなる否定（sola negatio）であり、無声あるいは闇（silentio vel tenebrae）にたとえるべきものである。つまり、何かあるべきものが無い、と言う場合のように、無いことの理由や原因が問われなければならないような「無」ではなく、単純に「無い」で済ませることのできる「無」だと言うのである。そして、このような否定――つまり前述の規則・規準に注意を向けないこと――については、（人間の意志よりもさらに遡って）何らかの原因を探究する必要はなく、意志の自由そのもの――それによって人は行為することもしないこともできる――だけで十分である、とトマスは言明する[20]。

アウグスティヌスは罪、すなわち主なる神からの離反の運動が神からではないとしたら「どこから」来るのか、という問いに対して「私は知らない」と答えたが、トマスは「どこから」と尋ねることはそもそも必要ではない、とより厳しい言葉で答えている。その理由は簡単であり、意志がその自由を行使することによって犯す罪に先立って見出される欠陥は、闇にたとえるべきたんなる否定であるとしたら、それを第一原因である神へと遡らせることは無意味だ、ということである。なぜなら、神はあくまで在るものの原因であって、単純な不在としての闇あるいは無の原因ではないからである。

IX　悪の「原因」をめぐるトマスの議論の要点は、悪は、人間の自由意思もふくめて、諸々の第二次原因にその起源を有するのであって、それを超えてさらに悪の「原因」をつきとめようとする試みは、悪の本質を見失い、悪の問題の回避に終わらざるをえない、ということである。実際、悪の本質についての形而上学的洞察を欠いたまま、その起源を第一原因である神にまで遡らせようとすると、最高善である神と「悪を為すこと」との矛盾に直面し、悪を幻想として斥けるか、神の存在を否定するかの二者択一を迫られることにならざるをえない。「もし神が存在するなら、悪はどこからくるのか？」(Si Deus est, unde malum?) という問いは、たしかにこの世界の諸々の不正、悲惨を前にしての人類の永遠の歎きであるが、哲学的にはこの問いは悪の起源を第一原因である神にまで遡らせようとする誤謬に根ざす偽の問いである。

このことの洞察にもとづいて、トマスは「もし悪が存在するなら、神は存在する」(Si malum est, Deus est.)[21]、という信じ難いほど単純で、大胆な答えで、この問いそのものを無力化する。これは一見、逆説を弄《もてあそ》ぶように見えて、実は「悪は善の欠如である」という形而上学的な根本原理を言いかえたものである。つまり、悪は善の欠如であるから、もし善の秩序が取り去られたならば、悪も消滅せざるをえない。しかし悪は存在する――したがって善の秩序を創りだす第一原因である神も存在する、と言うのである。

このトマスの答えは、「悪は善の欠如」という形而上学的な「悪」概念と同じく、多くの人を納得させないかもしれない。相変わらず、トマスは悪の現実から目をそむけ、悪がひきおこす人々の悲痛な歎きを理解しない、という非難が繰り返されそうである。しかし、そのように考える人々は、自分たちの方が「悪とは何か？」とより深刻に問うているつもりでも、実は悪を形而上学的に「善の欠如」と理解することこそ、われわれにどれほど困難で精妙な思考努力を要求するものであるかに注意を払っていないのではないか。なぜなら、悪が「欠如」であるなら、われわれはあたかも悪がそれ自体としてわれわれに現れ、何か積極的な本質をもつ事物であるかのように、「悪とは何か?」と問うことはできないからである。

たしかに「悪は善の欠如である」と主張する者よりも、「この私は罪のかたまりであり、この世は諸々の悪で満ちている」と歎き、告発する者の方が、悪の現実により真剣に直面している、との印象を与えるかもしれない。しかし、罪悪感に押しつぶされ、諸々の悪の満ちあふれに怒りを覚えることと、「悪」の本質を探究し、その根源的な解決をめざすこととはまったく別の次元に属するのであって、悪の問題の解決のためには視点の根元的な転回が必要とされるのである。

むしろ、悪の本質を探究するためには、われわれは善とは何であるかを知っているという思いこみを切り捨てて、善とは何であるかを、諸々の特殊な善いものから出発して、善そのものへと近づいてゆく歩みのなかで徹底的に追求しなければならない。それによってはじめて、善の欠如としての悪の本質に目が開かれることが可能となる。善の高みを究めえた者だけが、真に悪の深淵について語ることができるのであって、いわゆる悪の「経験」は、悪におぼれ、埋没することにとどまるものであることが多く、それは実は「見せかけの善」の経験であって、けっして悪の「本質」を捉えてはいないのである。

X　これまで述べたことから、悪の本質をどこまでも善にもとづいて理解しようとするトマスの立場は、悪の現実に目をつぶり、悪の問題から逃避したり、あるいは安易な解決で片づけようとする試みではなかった、ということは或る程度あきらかになったと思う。むしろこの立場は、われわれに（悪がそれの欠如である）善とは何であるかを、諸々の善いもの（あるいは善いとされるもの）の「善さ」の根拠を徹底的に探究して、「善さ」の第一根源である善そのものへと到達することを要求するものであった。そしてまた、トマスはこのような徹底的な探究なしには悪の本質を明確に捉え、悪の問題と適切に取り組むことは不可能であると主張したのであり、それは現代のわれわれに対して大きな挑戦をつきつけるものと言えるであろう。

そこで次に、善にもとづいて悪の本質を探究し、理解することに徹したトマスの立場が逆説的とも言える仕方で表明されているひとつの箇所をふりかえることによって、トマスの「悪」概念が現代のわれわれにつきつける挑戦の重さを確認することにしたい。それはこの章の冒頭で述べた、われわれが自らの罪を罪として真実に自覚するのは神の愛という大いなる善に触れることによってであって、それ以外ではありえない、というトマスの洞察が示されている箇所である。言いかえるとトマスは、罪という悪は、罪を赦す神の愛という善にもとづいてでなければ理解できない、と主張しているのである。

そんな馬鹿げた話はない、と反発する人が多いであろう。むしろわれわれは罪を犯した後に、我に返って、当の罪を自分自身がつくりだした悪と認めるならば、われわれは罪悪感に迫られて後悔の念を起こすであろう。そのとき、われわれは神の前で自分が苦しめ、傷つけた隣人にまず赦しを求めるのだ。神の赦しは、もし与えられるとすればその後で与えられるだろう……このように考える人が多いのではないだろうか。そして世間には、自分が悪いことをしていると知っていても、それを正当化することに専《もっぱ》らで、後悔したり、悔い改めて赦しを求めようとしない人がむしろ多いのだ、こう付け加えたい論者もいるであろう。いずれにしても、罪という悪は、それ自体でわれわれに迫ってくる現実であり、善によってその醜悪さが蔽《おお》われることはあるにしても、善にもとづいてはじめてその本質があらわにされるようなものではない。このような主張が罪という悪についての常識的見解と言えるのではないだろうか。

XI　しかし、トマスによるとこのような常識的見解は「罪」と呼ばれるものを、社会的事実ないし現象のレベルで捉えるにとどまっていて、罪の本質には何ら触れるところはなく、また罪という悪を克服する道を示してくれるものでもない。なぜなら、そこでは罪は真実に「悪」として捉えられず、むしろ何らかの欲望の対象であるかぎり「(見せかけの)善」の一種として捉えられるにとどまっているからである。また、「後悔」も、一種の歎き悲しみではあるかもしれないが、真実の悔い改め、つまり魂の回心――それのみが「罪」という悪にうちかつことができる――ではないからである。

これに対して、罪に関するトマスの基本的理解は、罪を犯した者が、それを罪として自覚し、罪の克服に立ち向かうためには、罪を真実に悔い改めることが必要であり、そして真実の、完全な悔い改め——魂の回心——は、罪の赦しを与える神の恩寵の働きによってのみ可能である、というものである。ここでトマスの立場が、罪を広い意味、つまり「倫理的規範に反する言葉、行い、もしくは欲望[22]」と解するにとどまらず、より厳密に「神に対する背き」(offensa)[23]と捉えていること、言いかえると神の恩寵を視野に入れた、超自然的秩序のなかで罪を理解することを前提としている、という事実を指摘する必要があろう。この前提を認めるか否かは、読者の選択に委ねられているが、注意しておきたいのは、この前提を認めるか否かに関わりなく、トマスの議論を理解し、評価することは可能だ、ということである。[24]

「神に対する背き」(offensa) は、トマスによると、従者が主人の掟《おきて》に反して行為するようなことではなく、友人が友人を裏切ること、すなわち人間が友愛によって結ばれている神の招きと好意を拒否することであり、そのことによって引き起こされる神の不興・腹立ち(offensa) である。[25]したがって、罪を赦すこと、つまり神の不興を好意(恩寵　gratia) へと変えることができるのは神のみであり、罪の赦しのために必要不可欠な真実の悔い改めを生ぜしめることができるのも神の恩寵のみであることは明白であろう。

XII　しかし、われわれが悔い改めて、罪を罪として自覚するのは神が恩寵(好意) によって罪を赦すことにもとづくものであり、罪も悔い改めも赦しも、すべて神の恩寵という善にもとづいてのみ、その意味が明確に理解できるのだ、というトマスの立場に対しては、あらためて次の疑問、もしくは反論が向けられるであろう。罪は「神に対する背き」であり、罪を赦すことができるのは神の恩寵のみであるというのであれば、なぜ人間の悔い改めが罪の赦しのために必要不可欠だと主張するのか。それはあたかも、罪を赦す神の恩寵の働きが有効であるためには、人間の自由意思による悔い改めという協力が必要不可欠であるかのように主張することではないのか。それよりはむしろ、「恩寵のみ」の立場を徹底させて、人間は罪が神の恩寵によって蔽われても、ひたすら自分が罪人でありつづけることを歎き悲しむべきではないか——「義人にして罪人」(simul justus et peccator)[26]というマルティン・ルターの言葉は、まさしく罪を赦すちからをもつのは神のみ、というトマスの立場を徹底させたものではないのか。

この反論は重大なものであり、けっして一六世紀の教会改革の運動のなかではじめて提起されたものではない。古代のアウグスティヌスもこの問題を十分に意識していたし[27]、一二世紀のベルナルドゥスはこの反論に対して、簡潔ながら完璧と思われる答えを用意していた。ベルナルドゥスは問う。「私が自らの救いをめざして歩む道において、神の恩寵が『私』に先行し、『私』を導き、『私』を完成するのであれば、つまり私の救いは神のみによるのであるなら、『私』はそこで何を為すのか?」[28]。この問いは(「私」が為すことは、すべて私の自由意思によって為すのであるから)「私の救いにおいて自由意思は何を為すのか?」と言いかえることができる。そして、ベルナルドゥスの答えは、救いの働きは神のみによって為されるが、そこで救われるのは「私」であるから、救いの働きは「私」を除外しない、つまり自由意思の働きを除外しない。言いかえると、救いの全体が神から来ると言うとき、その「全体」は救われる「私」を排除しない、だからその「全体」には私の自由意思の働きもふくまれている、と言うのである。

しかし、この問いに対するトマスの応答をふりかえる前に、罪の悔い改めについてのトマスの過激とも言える見解を紹介しておきたい。一般に「悔い改め」(poenitentia)と言えば、自らが犯した罪を歎き、悲しむことであり、罪がもたらす苦痛を引き受けること、とされているが、トマスによると、それはまだ完全な悔い改めではなく、罪を罪として自覚し、それの克服へ向けて立ち向かうところまで行っていない。罪が罪として自覚されるのは、「罪が神に対する背き(offensa)であるかぎりにおいてそれを破壊(destructio)しようとする働き」[29]としての悔い改めにおいてである。

罪を悔い改めるとは、たんに罪を歎き悲しみ、罪を嫌い避けようとする働きにとどまらず、罪そのものを「破壊」しようとする働きである、というトマスの言葉はけっしてたまたま発せられた激しい言葉ではなく、罪の悔い改めの本質についてのトマスの洞察を示す重要な言葉である。それは何よりも、悔い改めが神の恩寵によるものであることを示している。というのも、前述のように、神の不興(offensa)を好意(gratia)へと変えること、つまり罪を「破壊」できるのは神のみであるから、悔い改めが罪の破壊へと向けて働きを為すとすれば、悔い改めが神の恩寵によるほかありえないことは明白だからである。

ここで前の問題にもどると、悔い改めが神の恩寵によるものであるなら、なぜ人間の罪が赦されるのは恩寵のみによってである、と言い切ってしまわないで、罪の赦しのためには悔い改めが必要不可欠であると言うのか――あたかも、神の恩寵のみでは不足であって、悔い改めという人間の協力が必要だと言いたいかのように。このような「恩寵のみ（によって）」(sola gratia) の立場からの反論に対して、トマスは、罪を赦す働きにおいては恩寵がすべてであるが、恩寵が「すべて」であるということは罪人が悔い改める必要性を排除するものではない、と主張する。なぜなら、赦されるのは人間だからである。つまり、恩寵は罪人が「人間である」ことを破壊するのではなく、むしろ「人間である」ことを完成するような仕方で、罪の赦しの働きを行う、というのがトマスの基本的な立場である。[30]

人間は人間であるかぎり、自由意思をもち、自らの行為に対する支配力を有するのであるから、[31]恩寵は端的に罪を除去し、破壊するのであるが、その恩寵の働きは罪人の自由意思を破壊するのではなく、むしろ罪人が悔い改めて、自由意思をもって恩寵を受け取ることを通じて、罪を破壊するのである。言いかえると、罪の赦しはその全体が恩寵の働きによるものであるが、恩寵は罪の赦しという結果と同時に、そこで赦されるのが人間であるかぎり、悔い改め、恩寵を受け取る人間的行為をも結果として生ずるのである、というのがトマスの立場であった。[32]

XIII　トマスが悪の本質をどこまでも善にもとづいて探究し、理解する立場に徹していたことを示す例として、罪の自覚ないし罪の真実の悔い改めは、罪を赦す神の愛——罪を破壊する恩寵——によって引き起こされる、つまり罪という悪の本質は、罪を赦す神の恩寵という善にもとづいてはじめて理解できる、という彼の逆説的な見解を紹介してきたが、結びとして二つの点を補足しておきたい。

第一の点は、善にもとづいて悪の本質を理解しようとするトマスの立場は、結局のところわれわれにおける深刻な罪の自覚ないしは罪悪感の現実から目をそらせているのではないか、という疑念である。神の恩寵による赦しによって、われわれに救いの手がさしのばされるにしても、われわれのうちに罪は根強く残っており、それがわれわれを苦しめるのではないのか。恩寵によって罪は破壊されるというトマスの見解は楽観的に過ぎる、しかも罪が完全に破壊されるのであれば、なぜわれわれは生涯の終わりまで悔い改め続けなければならないのか、このような疑念を抱く人が多いであろう。

この疑念に対するトマスの答えは、真実の悔い改めは、自らが犯した罪について歎き悲しむことに尽きるのではなく、むしろ恩寵による罪の赦しの徴《しるし》である、ということに尽きる。罪を赦された者のみが真実に悔い改めるのであり、悔い改めは神の恩寵（gratia）に対する感謝（gratia）であり、讃美なのである。

第二の点は、神の恩寵によって赦されるのは「人間」であり、罪人が人間であるかぎり、恩寵の働きは罪人の自由意思を破壊するのではなく、むしろ罪人が自由意思をもって恩寵を受け取ることを通じて、罪を破壊する、と述べたことについての補足である。トマスによると、罪の赦しにおいて自由意思が破壊されるどころか、恩寵は自由意思の行使を完成し、悔い改めの「徳」を生ぜしめるのである。しかし、悔い改めの「徳」という概念は、「恩寵のみ」の立場をとる者にとってはそれこそ、恩寵の代用品をつくりあげるアンチ・キリストの発明とも言うべきものであろう。恩寵が永遠の罰に値する罪過のみならず、時間的な罰もふくめてすべての罪責を取り去り、罪を無条件的に破壊するちからをもつのであるなら、どうしてそこに人間に内在する善い性質である「徳」のようなものを介在させるのか……当然のこととして、このような反論が予想される。

しかし、これに対するトマスの解答は第一の疑念に対するものと同じであり、罪の赦しという結果と同時に、(そこで赦されるのが人間であるかぎり)神の恩寵はそれを受けるべき人間のうちに(神の恩寵・好意を受けるにふさわしい)善さ(bonitas)、つまり善い性質を生ぜしめるのであって、それがまさしく悔い改めの「徳」である、と言うのである。罪の赦しは全体的に神の働きによるものであり、たんに罪を赦しの衣で覆うとか、罪を消滅させてしまうにとどまらず、罪人自身を、神のいのちによって生きる「新しい人」へと再生させるのである。そして、そのことの徴しが「悪しき意志」の「善き意志」への転向、つまり悔い改めの「徳」の生成にほかならない。このように、トマスによると罪の赦しは、神に背いていた悪しき意志を神へと転向させ、神に従属する善き意志、つまり徳へと変化させることによって、罪の原因を完全に廃棄し、神の不興・腹立ち(offensa)が恩寵・好意(gratia)によって置きかえられる、という仕方で行われる。罪の赦し、すなわち悪の克服がこれ以上の力強い、徹底した仕方で行われることは不可能だ、と言えるのではないか。そしてそのことは「悪は善の欠如」という、一見「悪」の現実から目をそむける弱さのように思われるトマスの「悪」理解が、実は善によって悪にうちかつ、という悪に対する唯一の有効な戦いへの決意を秘めていることを示しているように思われるのである。

第六章　すべての人が幸福を欲しているか？

I　「すべての人が幸福を欲しているか？」――この問いかけはどこか変わった感じの問いと受け取られるかもしれない。幸福の内容、あるいはそれを手に入れるための手段、方法については人々の間で色々と違いがあっても、幸福でありたいとの願いは万人共通ではないのか、こう問い返す人が多いであろう。人間の幸福についてあらためて考えてもらうきっかけを作るための警句や反語としてならばともかく、この問いを真剣な問いとして問うことはありえないのではないか。

そう考える人は、トマスの『神学大全』における人間の幸福についての考察の全体が、ほかならぬこの問いを問うことで閉じられていることを知って大いに驚くに違いない。トマスはけっして警句や反語としてこの問いを発したのではなく、決定的に重要と思ったからこそ、この問いを彼の「幸福論」の最後に置いたのである。この問いの意外さが示しているように、人間の幸福をめぐるトマスの議論は、トマスと共に探究を進めようとする読者にとっては、知的冒険と言ってもよいほどの刺激に満ちている、と思う。

II　トマスは『神学大全《スンマ》』第二部、この書物全体の半分以上の部分を占める「人間論」を、人間がまさしく人間として行う行為である人間的行為の究極目的の探究で始める。人間の究極目的、つまり人間が手に入れようとするすべての欲しいもの、望ましく好ましいもの、ひとことで言えばすべての「善いもの」の極みにある目的、それはすべての「善いもの」の「望ましさ」「善さ」の根源である「善そのもの」であり、それは人々が「幸福」と呼ぶものである、とトマスは言う。ここからして、人間の究極目的についての考察は、善そのもの、あるいは最高善・完全な善とは何か、そして人間が完全な善としてそれにたどりつくことをめざして生きている幸福とは何か、という問題につながってゆくことになる。

ここでまず「目的」という言葉（ラテン語 finis は英語の end と同じく「終わり」「終点」を意味する）がトマスにとっては、こんにちのわれわれとはかなり違った意味と重みをもつものであったことに注意しておいた方がよいかもしれない。われわれが理解する「目的」とは、人生の目的にせよ、旅行やパーティーの目的にせよ、われわれ自身が自由に選び、計画を立てて能動的に実現をめざすものに限られている。これに対してトマスが理解する「目的」は「善」と同じものであり、しかも中間的な善、つまり手段として位置づけられる善ではなく、「終わり」の善、それへと行きつくために手段が選びとられ、「善」という側面を帯びるようになる、高次の善なのである。したがって、トマスの言う「目的」は、われわれが能動的にそれの実現をめざすというよりは、それの「善さ」がわれわれをひきつけ、われわれに働きかけて、それの実現のためのエネルギーをわれわれのうちに呼びさます、つまりわれわれを能動的たらしめる根源なのである。

われわれにとっては、そのような「目的」、つまり能動的な原因よりもさらに根源的な「原因」あるいは「根拠」であるような「目的」という概念はもはや存在しないか、あるいは縁遠くなってしまっている。この事実は、一般に近代の世界理解あるいは宇宙像からの目的論の消失として説明されている。目的原因や形相原因によって自然をいわば生物学的に目的に向かって生成するものと解した古いアリストテレス的自然学を斥《しりぞ》けて、専《もっぱ》ら機械論的ないし数学的・力学的に自然現象を説明する近代物理学において「目的」概念は不必要になった、というのである。

しかし、私は近代における根源的な「目的」概念の喪失は、たんに古い自然学から新しい自然科学への変化というレベルのこととして済ませることはできないと考える。それはもっと重大な価値観そのものの転回と見るべきであろう。つまり、人間はもはや自らを超える何らかの価値（善、目的）というものを認めず、価値とは人間にとって大事なもの、役に立つもの、快いもののことだ、と考えるようになった——すくなくともそのような考え方が支配的になり、ほとんど自明的なこととして受けいれられるようになったのである。

実は、このような近代における価値観の根元的な転回——それは「世俗主義」あるいは「人間中心主義」と呼ばれるものであり、デカルトの「コギト」（われ思う）という意識の確実性をいわば第一の真理として確立する立場はその明確な哲学的表現である——に批判の目を向けることなしには、トマスが人間の究極目的や幸福をめぐって述べていることは正確には理解できないのである。なぜかと言えば、トマスが考えているような人間の究極目的、つまり個々の人間が自由に選びとって追求する目的ではなく、人間が人間で「ある」ことそれ自体からして必然的に確定される目的は、善ないし価値というものは、根源的に、すべてのものにその存在と共に内在しているのだ、という価値観を前提としてはじめて成立するからである。そしてこのような価値観によれば、善あるいは価値というものは、すべての存在するものの第一根源である神によって、すべてのものに「存在」と共に与えられるのである。『創世記』冒頭（第一章第三一節）の、神はすべてのものを創造し（「存在」を与え）、自らが創造したものすべてを見て「極めて良い」とした、という言葉はこのことを極めて鮮明かつ象徴的に語っている。いずれにしても、すべてのものの「存在」はただそこに「在る」という事実にとどまるものではけっしてなく、その「存在」――それが何であるか、つまり各々のものの「本質」「本性」の探究はわれわれにとっての課題であるが――そのもののうちに善や価値のすべてが内在する、というふうに考えないかぎり、トマスが考えるような「人間の目的」という概念は不可解なものにとどまらざるをえないのである。

III　トマスの「目的」概念が前提している価値観と、われわれの間で自明的とされている価値観との違いは、人間の自由、あるいは自己決定を最高のものとして絶対視するか、それとも人間の自由はそれ自体より高い規範に従属すべきだと考えるか、という違いとして説明することもできるであろう。言いかえると、人間は何ものにも拘束されず、すべてのものを自分の支配下に置いて、望むままにすべてを選び、実現できるときに最高に自由であるのか、それとも人間の最高の自由とは、もはや意志が誤った選択をすることが不可能であるほど確実に究極目的へと秩序づけられていること、つまり「自由」であることがそのまま「自然本性的」（その意味では「必然的」）であるような「自由」であるのか、という違いである。

トマスによると、人間はその意志によって自らの行為の主であり支配者なのであるが、（究極）目的あるいは幸福の欲求という行為の場合は、人間はもはやそれの主・支配者ではないのである――つまり、人間はたしかにその意志によって（究極）目的・幸福を欲求するのであるが、究極目的そのものを意志することは自由な選択に属するのではなく、その意味で意志は自由ではない、というのである。言いかえると、人間は幸福であることを「自由に」ではなく、「自然本性的に」つまり一種の必然性によって欲求しているのである。[1] ここで直ちに、人間が「必然的に」幸福であることを意志しているのであれば、石が必ず落下し、水が必ず低い方へ流れるように、人間は必ず幸福へ行きつくはずであるのに、どうしてそうならないのかが問題となるに違いない。この問題もふくめて、トマスの「目的」および「幸福」概念には、一見、矛盾と思われる問題点があり、それらについてはあらためて考察しなければならないが、ここではまず、トマスの立場はわれわれが自明的と受けとめている価値観そのものの根本的な見直しを迫るものであることに注意を向けておきたい。

Ⅳ 人間の究極目的あるいは幸福をめぐるトマスの立場を正確に理解するためには、もう一つ、彼の幸福論の基本的な指導原理あるいは「文法」とも言える次の区別に注意する必要が理論的には理解できるものの、実際上はまったく意味がないと思われるような区別である。たとえばトマスは、すべての人間の究極目的は一つか、[2] あるいは、すべての人が幸福を欲するか、[3] などの問題を考察するにあたって、われわれは究極目的あるいは幸福について二つの仕方で語ることができる、と言明する。その一つは究極目的・幸福について、それの意味あるいは本質という観点から、もう一つはそうした究極目的・幸福の本質は何において見出されるのかという観点から語る場合である。[4] ところで、究極目的・幸福の本質とは、「それ以外には欲求すべき何ものも残っていないほど、それほどまで人間の欲求全体を満たすもの」、つまりそのように人間自身を完成させてくれる完全な善、とひとまず表現できよう。[5] そしてそのことに関しては万人が一致している。ところが、このような究極目的・幸福の本質が何において見出されるか、ということになると、或る人たちは富、或る人たちは快楽、そしてまた別の人たちは何か別のものがそれであると考え、またそれに従って生きており、千差万別である、とトマスは言う。

ところで、人間の自然本性からして確定されるような「人間の究極目的」という概念を否定して、究極目的や幸福は個々の人間が自由に選び、追求するものだ、と割りきってしまうかぎり、究極目的・幸福の問題とは、各人の欲求全体を、あるいは意志をあますところなく満たすもの、その意味での「完全な善」をどのようにして手にするか、ということに尽きるのであり、トマスの言うそのような究極目的・幸福の本質は何において見出されるのか、という問題はどうでもよいことなのである。

かりに、この問題を「どうでもよいこと」として済ませないにしても、「人間の自然本性からして」という場合の「人間本性」を明確に認識できるのかという問題は厄介なものとして残る。この問題の解決を求めてわれわれがまず目を向けるのは、生物学から心理学、さらに社会学、人類学までふくめた人間科学の諸分野における研究であるが、それらは人間環境あるいは社会的関係のうちで生き、活動する人間について多様で豊かな情報を提供してはくれるが、人間とは何か、という問いに全体的に答えてくれるものではない。もっとはっきり言うと、人間は一つの意味ではどうもがいても人間「である」ことから逃れられないのであるが、もう一つの重要な意味では人間「である」ことを生涯の課題として生きなければならない存在である。言いかえると、人間「である」ことは必然的な事実であると同時に、（人間性の完全な実現、という意味で）人間「である」ことは人間の究極目的なのである。このように、人間「である」ことの意味は、人間性の完全な実現をめざして歩む旅を視野に入れることなしには、十分にあきらかにすることはできないのであるから、人間の目的について真剣に考えることなしに「人間とは何か？」と問うことは不用意であり、空虚な試みなのである。

実はこの状況はさらに進んで哲学的な人間学に目を向けてもほとんど同様であって、そこでも「人間とは何か」という問いは提起されながら、事実ないし存在と、価値ないし当為とは分離しなければならない、という事実・価値二元論[6]に禍《わざわ》いされて、人間に関する事実あるいは現象の科学的研究にもとづく人間学はまったくと言っていいくらい、価値や当為の問題に関わる倫理学から切り離されているのが現状である。そのため「人間とは何か」という問いも部分的、断片的なものにとどまり、人間本性の全体的で根元的な探究への道は開かれていないのである。いずれにしても、こんにちのわれわれにとって、人間の自然本性からして確定されている「人間の究極目的」、およびそれへの到達としての「幸福」という概念は、概念として理解はできても、ほとんど現実味の感じられない、実践的にはまったく意味のない概念になっているのではないだろうか。

V　しかし、トマスが『神学大全』第二部「人間論」の冒頭で考察している人間の生の究極目的・幸福は、まさしく人間本性からして確定されるとの意味で人間の目的（幸福）である。それは或る意味ですべての人間が必然的に、つまり自らの自然本性にうながされて追求している目的であると言える。ではどうしてトマスは、こんにちのわれわれにとっては実践的には無意味であり、理論的には不毛と思われる探究をあえて試みたのか。

ここでわれわれは、次のようなありきたりのわかり易い説明で満足してはならない。『神学大全』第二部「人間論」は、実質的には人間的行為、行為を内的に秩序づける根源としての徳、および行為を外的に導く規範などを取り扱う倫理学であり、トマスはアリストテレスの『ニコマコス倫理学』の叙述順序に従って、最初に人間的行為がめざす目的について論じたのだ、というのが通常われわれが耳にする説明である。それは間違いではないが、そのような説明で満足していては、トマスがここで試みていることの意味はまったく伝わってこないし、『神学大全《スンマ》』を読んだことにはならないのである。

ではトマスはここで何をしているというのか。ひとことで言うと、「人間とは何か」という問いのまさしく核心にあたる「人間の究極目的とは何か」という問いを問うことである。「人間とは何か」という問いで問われているのは人間本性にほかならないが、その人間本性について正しく理解するためには、何よりも人間の目的について確実に認識しなければならない、とトマスは確信していた。なぜなら人間の目的とは、そこにおいて人間本性がその本来の姿をあますところなく現すものだからである。

「目的」と訳されるfinis（ラテン語）、fin（フランス語）、end（英語）、Ende（ドイツ語）などの言葉は「終わり」を意味するから、上に言ったことは「人間本性は人間の死に際《ぎわ》になってはっきり現れる」と言いかえてもよいのではないか、と考える人がいるかもしれない。しかし目的はたんに終わりではなく、むしろそれにたどりつくことによってわれわれの願いがあますところなく満たされる「善き」終わりなのである。したがって、目的において人間本性《ほんしょう》の本来の姿が全体的に現れるとは、たんに「本性をさらけだす」といったことではなく、完全に実現される、完成される、ということなのである。

トマスは「旅する者・人間」(homo viator) という言葉を好み、人間は「途上に」(in via) ある、という言い方をよく用いるが、彼の言う「旅」はただ年齢を重ね、様々のことを経験するということにとどまるのではない。「旅」とは「人間である」ことの完成へ向かっての旅であり、人間の一生とはたえず「人間である」ことを学び続ける旅である、というのが彼の考えであった。そのことは『神学大全』の「人間論」の大半が徳、つまり人間がそれを身につけることでより完全な意味で「人間である」と言われるもの、の考察にあてられていることがあきらかに示している。徳とは、トマスによると、まさしく「究極目的・幸福への道」にほかならなかった。

　このようにトマスは「人間とは何か」という問いを正しく問うためには、人間の究極目的・幸福とは何かと問い、この問題について正しい見通しを確立することが何より必要とされる、と考えたのであるが、それが困難な仕事であることも十分自覚していた。そのことは、トマス自身「倫理学的考察」あるいは端的に「倫理学」と呼んだ『神学大全』第二部と、アリストテレス『ニコマコス倫理学』との間の著しい構造的相違において読みとることができる。『ニコマコス倫理学』は人間のすべての活動・行為の究極目的としての最高善、つまり幸福について論じることから出発して、最終巻で再び幸福の考察に立ち帰ることで人間的生の完結性を示唆している。これに対して、同じく究極目的・幸福の考察から出発するトマスの「倫理学」は、幸福の考察に立ち帰ることはなく、幸福への様々の「道」の考察をもって閉じられており、トマス的「倫理学」(したがってまた、人間の地上における生)の根元的な未完結性を示しているのである。

　もっと正確に言うと、トマスの倫理学的考察は「われわれにとって神へと向かう道」であるキリストの導きを請い求める祈りで閉じられていた。それは言いかえると、トマスは「人間とは何か」という探究を徹底的に遂行するためには、人間の究極目的・幸福とは何であるかを確実に認識しなければならないことを主張しつつ、最終的には人間の究極目的・幸福について、いわばそれをすでに手にしているかのように明晰《めいせき》に語ることは不可能であるとして、そのような確実な認識を信仰の導きに委《ゆだ》ねた、ということである。

　そうであるならば、やはり人間本性からして確定されるような「人間の目的」について人間が自力で確実に認識することは不可能であり、それは各々の人間が自由に選びとるのに委ねるべきではないのか、という異論が再びもちだされるかもしれない。これに対して、いかに困難であってもそれは試みなければならない、一種の賭《か》けである「信仰」の光に頼ってでも、というのがトマスの確信であり、こんにちのわれわれに対するトマスの「挑戦」であった、と言うことができるであろう。というのも、われわれが人間として「善く」生きるためには、われわれの欲望や願望を満足させてくれる多様な「善さ」を目的として追求することにとどまってはならない、というトマスの確信、そして「人間である」ことを最終的に実現し、完成するような「善」、つまり人間本性からして確定されるような究極目的・幸福を明確に認識し、それの到達へと導いてゆくような「道」を選びとることが必要だ、という彼の立場は、こんにちのわれわれにとっても十分検討に値するものだからである。

Ⅵ

『神学大全』第二部冒頭の人間の究極目的・幸福をめぐる考察は、第一問題でそもそも人間の究極目的というものがあるのか、それは一人の人間にとって、また万人にとってただ一つか、などの問題が探究された後で、究極目的への到達が「幸福」と名づけられる、という言明でしめくくられ、このあとは「幸福」が考察の主題として取り上げられる。まず第二問題では、人間は富、名誉、名声、権力、快楽などを手に入れることによって幸福になるとする通念・学説を検討した上で、人間の幸福はけっして有限な善いもの（「被造的な善」）において見出されることはない、という、極めてラディカルな、しかしトマスの根本的な「人間」理解にもとづく結論が述べられる。

ところで、人間の幸福は無限な善に到達することによってのほかは成就されないとしても、幸福とは人間が無限な善に到達することそれ自体であり、それが幸福の本質なのであるから、次に第三問題では幸福の「本質」が詳細に吟味され、それは人間の最高の能力（可能性）の最高の働き（現実性）としての「神の本質の直視」（visio essentiae Dei）である、と結論される。これはキリスト信者、修道士、そして神学者であるトマスに似つかわしい結論であり、このあとは「神の本質の直観」、「顔と顔とを合わせて（神を）見る」（『コリントの信徒への手紙Ｉ』第一三章第一二節）ことについてより詳細に、また鮮やかに（たとえばダンテ『神曲』の天国篇のように）語られ、ここ地上の生活においてもわれわれがその悦びを予感し、また何らかの限られた仕方でそれを経験する――神秘的合一の経験――可能性が示されるであろう、との期待が生まれる。

しかしトマスはこうした期待には応《こた》えることなく、むしろ次の第四問題では幸福を成就するために必要とされる条件について詳細に考察し、とくに「心の清い人々は幸いである、その人たちは神を見る」であろうから、という福音書（『マタイ福音書』第五章第八節）の言葉を引用して、心の清さ、つまり意志のただしさ（それのみが人間を究極目的である神へと秩序づけてくれる）なしには人間が幸福であることはけっしてありえないことは明白だ、と言明する。[7]

しかも最後の第五問題では、さらに読者の期待に水をかけるかのように「人間は幸福に到達しうるのか」[8]という疑問を取り上げている。そして、人間はその自然本性からして無限な善である神に到達する能力（可能性）を有し、神の本質を直視する可能性（受容力capacitas）を有してはいるが、現世、つまり地上の生においてはこうした可能性を完全に実現することはできない、と言明してはばからない。「人間がこの世の生において真の完全な幸福を獲得することのできないことは明白に知られる」[9]と言うのである。

　そして、人間の幸福をめぐる考察の全体をしめくくる最後の問いは、これまでの人間の幸福に関する「醒《さ》めた」と言ったのでは言い足りない、むしろ幸福というものを突き離しているかのような論じ方を徹底させた、「すべての人間が幸福を欲しているか」である。ここでトマスが、アウグスティヌスの『三位一体論』第一三巻の、「すべての人間は幸福を欲している」という命題についての鋭い分析を念頭に置いて論を進めていることはあきらかである。アウグスティヌスは、「すべての人が幸福であることを欲し、悲惨であることを欲するものはいない」ということは疑う余地のないほど真実であるが、「幸福であることを欲する者がすべて幸福であるのではない」ことも同じくらい明白であると言う。そして、幸福であるためには欲するものをすべてもつこと――多くの人はそれが「幸福」だと思いこんでいるが——では足りないのであって、正しく欲すること、つまり善い意志をもって欲することが幸福であるためには何より必要なのだ、と指摘する。そしてトマスが人間の幸福をめぐる考察の全体を通じて強調しているのはまさしくこのことである。というのも、「善い意志」とは人間を人間の真実の究極目的へと導く「道」、すなわち徳にほかならないからであり、トマスは『神学大全』第二部「人間論」の大半を、究極目的・幸福への道としての徳についての探究にあてたのである。

Ⅶ　これまで述べたところから、人間の幸福をめぐるトマスの考察が、アリストテレス説のたんなる継承ではなく、また人間の真の幸福とは何であり、それに到達するにはどうしたらよいかをわかり易く説明する「キリスト教的」マニュアルでもないことはあきらかになったと思う。むしろ、トマスは「人間とは何か」と徹底的に問い、「善く生きる」という課題に立ち向かうためには、人間の究極目的・幸福についてわれわれが明確な見通し——それは「価値の優先順位の確立」と言いかえることができる——を立てることが必要不可欠であることを訴え、またそのことの困難を注意深く指摘しているのである。そこで次に、トマスの議論を正確に理解するために必要と思われる二、三の点について述べることにしたい。

第一は、人間の究極の完全な幸福は「神の本質を直視すること」である、という人間の幸福の本質を言いあらわす言葉はどのように理解すべきか、である。この言葉はそのままでは、人間の幸福は富、権力、快楽……などに存する、という見解とは違う一つの見解であることはわかっても、それ自体として何を意味するかは、こんにちのわれわれにとってはもとより、トマスの同時代人にとっても容易に理解できなかったに違いない。というのも、この人間の幸福の本質の規定は、さきにも一言したように、幸福とは存在、生命、あるいは何らかの状態ではなく、人間が備えている可能性の究極の現実化としての働きである、という前提から出発して、それならば人間が有する最高の能力（可能性）の最高の働き（現実化）とは何かと考えを進めることによって到達されたものであって、人間の幸福のいわば名目上の定義にとどまるからである。

問題をはっきりさせるために、トマスが「神の本質の直視」という結論へ向かって進めている推論に目を向けよう。われわれは「知りたい」という知性の自然本性的な欲求にうながされて、世界の諸々の事象の本質を知ることからしてそれらの第一の原因が存在することを知ることができる。しかしそれだけでは人間の知性は原因そのものに端的に到達したとは言えず、その欲求は満たされないままに残り、さらに第一原因について知りたいとの自然本性的な願望が起こるのである。だからまだ完全に幸福であるとは言えない。したがって、人間が完全な幸福を手にするためには知性が第一原因の本質そのものに到達することが必要とされるのであり、そのことが「神の本質の直視」という言葉で言いあらわされているのである。

この議論を表面的に読むと、あたかもトマスは、「顔と顔とを合わせて神を見る」という人間の幸福は、「（われわれが神と呼ぶ）第一原因は存在する」ことを確立した神存在の論証

（五つの道）の延長線上にあると考えていたかのような印象を受ける。感覚を通じてしか知性を働かせることのできない現在の生においては、どのように信仰の光に頼っても、人間は神の本質をあるがままに知ることはできず、ただ神は「何でないか」を知りうるのみである。しかし、神の本質そのものを見たいという自然本性的な願望にうながされて、いわばオーケストラのように、熱心に練習し、リハーサルを怠らなければ、やがて本番で「神の本質の直視」という人間の完全な幸福のパフォーマンスを楽しむことができる……このようにトマスは考えていたのだろうか。

たしかに、途上の生で到達できる「不完全な幸福」――知性による神的で永遠な事柄の観想（contemplatio）――と、将来の生においてのみ到達されうる完全な幸福との比較、という限られた視点から見るならばそうと言えるかもしれない。しかし、このような議論だけでは「神を見る」ということの理解は、ごく表面的で形式的なものにとどまることは否定できない。もし「神の本質の直視」という人間の幸福の規定がたんに名目上の「定義」ではなくて、実質的な結論であったならば、トマスは究極目的・幸福についての考察をここで（第三問題第八項）閉じていたであろう。しかし彼がこの後、第四、第五問題へと論を進めていることにてらして、そうではなかったことが推察できる。

実は、「神の本質の直視」という人間の幸福の本質規定は、人間本性というものがあれ・これの特殊な善いものの所有によってはけっして満たされることのない、無限な善への可能性をふくむことについての形而上学的洞察によって裏づけられる必要があり、トマスは繰り返しそのような裏づけを行っているのである。この洞察は根源的なものでありながら、一見極めて単純であって、「人間の知性は全的で完全な善（universale et perfectum bonum）を捉えることが可能であり、また人間の意志はそれを欲求することができる」[10]というものである。それは、人間の「知りたい」という自然本性的な願望は、知性が実在を、あれ・これの限定された側面において認識することではけっして満足させられない、という「無限なものにまで開かれたちから」（virtus ad infinita）[11]の洞察にほかならない。

この（知性と意志をふくめた）人間の精神の「無限への能力」のゆえに、人間本性は神の恩寵によって、人間本性であることを何ら損なわれることのないまま、神的本性を分有する——その意味で「神のかたち」（deiformis）[12]となり、「神化」（deificatio）[13]される——ことが可能なのであり、[14]そのことによって人間は「神を見る」ことが可能となるのである。なぜなら、いかなる媒介によっても神をあるがままに見ることは不可能であって、人間が神を見ることができるとしたら、人間の知性に何らかの仕方で合一した神の本質それ自身によるほかはないのであり、[15]それは上に述べた神の本性の分有[16]によるほかはありえないからである。

Ⅷ　第二は、さきに（第Ⅴ節）『神学大全』第二部の人間論ないし倫理学的考察の根元的な「未完結性」と呼んだ問題を別の観点から捉えたものであり、来世において到達される完全な幸福と、そのような幸福への道としての現在の生との間の落差をトマスはどう考えていたのか、という問題である。この問題は、トマスが人間のすべての行為は究極目的の実現、すなわち幸福へと秩序づけられていると主張していることのゆえに、彼の倫理学的立場を「目的論的」あるいは「幸福論的」と規定することは妥当か、と言いかえることができる。

この問題はこれまでトマス研究者の間で盛んに論じられてきたが、その論争[17]にここで立ち入ることはできない。私自身の解釈は、（神の本質の直視という）究極目的・幸福は、トマス倫理学の基本原理、すなわち人間の倫理的行為を成立させる原理ではなく、そのような基本原理はトマス自身明言しているように徳と法（とくに自然法）であって[18]、その意味でトマスの倫理学をアリストテレスについて言われるのと同じ意味で「幸福論的」として特徴づけるのは適切ではない、というものである。むしろ、トマスの倫理学は根本的に愛（徳）(caritas）を根元とする諸々の徳を形成し、それらにもとづいて行為すべきことを強調するかぎり、「徳論的」ないし「義務論的」として特徴づけるべきであろう。言いかえると、トマスにおいて倫理学は直接には幸福への道としての徳に関わるのであって、幸福そのもの、あるいはそれの享受は倫理学の対象とはならないのである。

しかし、この解釈に対しては、トマスは、究極的で完全な幸福は来世においてのみ到達されるが、現在の生においても到達可能な幸福――完全な幸福に類似した、その分有としての不完全な幸福――があることを認めているのであるから、幸福への道である現世の倫理的生活もそうした幸福を中心に営まれているのではないか、という反論がつきつけられるかもしれない。実際にトマスは、アリストテレスが『ニコマコス倫理学』で論述しているのは、このような現世において到達される幸福（それはトマスの立場からは完全な幸福の類似・分有にすぎない、とされる）であると理解しているのであるから[19]、トマスが基本的にアリストテレスの立場に従って幸福について論じていると解釈した場合には、トマスの倫理学を根本的に「幸福論的」と規定することが正当化されるであろう。

しかし、トマスは現世において到達可能な幸福——それは神的な事柄の観想（contemplatio）であり、人間を何らかの仕方で神に結びつける——の重要性と価値を積極的に認めてはいるが、そのような「不完全な」幸福の享受が幸福への道としての現世の倫理的生活の中心であり、根本的な指導原理であるとは考えていなかった。倫理的生活を支え導く根本的原理は諸々の徳であり、とりわけすべての徳の母であり形相である愛徳（caritas）であるというのがトマスの明確で一貫した主張であった。言いかえると、倫理的生活においてわれわれが何よりも主要的に追求すべきことは、現世において到達可能な幸福そのものである神とのより親密な結びつき・合一であり、それを可能にするのが神との友愛（amicitia）としての愛徳にほかならなかったのである。

さきに触れたように、トマスは幸福のために必要とされる事柄について論じている箇所で、「心の清い人々は幸いである、その人たちは神を見る」であろうから、という福音書の言葉を引用して、心の清い人、すなわちひたむきに、すべてにおいて神に従い、神を愛する人こそ神を見て幸福になる、と主張する。「神の本質の直視」という究極の完全な幸福に到達するために必要とされるのは、ここ地上の生において到達されうる幸福の享受ではなくて、神からの友愛の招きに応え、友愛をもって神を愛することであり、愛徳（caritas）によって神とのより完全な合一を追求することである、というのがこの問題に関するトマスの根本的立場であった。実際に、トマスは「より多くの愛（caritas）を有する者は、より完全に神を見るであろう。そしてより幸福になるであろう」[20]という忘れ難い言葉を残しているのである。

IX　第三は、人間はこの（地上の）生において幸福であることはできない、というトマスの言明[21]の真の意味は何であったのか、という問題である。おそらく、現代のわれわれにとって、人間の幸福をめぐるトマスの論述の全体を通して、人間は現世においては幸福であることはできないというこの主張は最大の反撥と失望を引き起こすものではなかろうか。とくにトマスがなぜ現世では完全な真の幸福をもつことはできないかを説明して、「人間は自然本性的に自分が手にした善いものが永続することを望むが、現世の諸々の善いものは移ろい易いものであり、生そのものも過ぎゆくものだからだ……」[22]と述べている箇所は、たとえば九鬼周造《きしゅうぞう》が来世の存在を信じない理由として述べているように[23]、美しいものは儚《はかな》く移ろい易いものであるからこそ美しい、と感じる日本人の美意識にとっては受けいれ難いものかもしれない。

こうした考え方もふくめて、「人間は現世においては幸福であることはできない」というトマスの主張に対する異論に適切に答えることは容易ではないが、ここで何よりも必要なのは、トマスのこの主張がひとつの根本的前提にもとづいていることに目を向けることであろう。その根本的前提とは、人間の完全な真の幸福は、人間がそれへと自然本性的に秩序づけられており、必然的にそれへと傾向づけられているにもかかわらず、人間の自然本性的能力によっては到達できないものである、ということである。[24] 人間がその自然本性からしてそれへと傾かしめられていながら、それを自らの自然本性的能力によっては獲得できない、という「幸福」理解は背理の極みと言いたい程であるが、まさしくそのことをトマスは前提としているのである。そして「人間は現世では幸福であることはできない」というトマスの主張が反撥を呼ぶのは、通常、人々が考える人間の幸福は、当然のこととして、人間が自然本性的能力によって獲得できるような幸福に限られているのに対して、トマスが考えた幸福はそれを根源的に超える次元のものであったからだ、と言えるであろう。実際にトマスは、人間は現世においては幸福であることはできない、と述べるのに先立って、使徒パウロの「神がご自分を愛する者のために用意してくださったもの（幸福）は、人の心に思い浮かんだこともなかったことであった」（『コリントの信徒への手紙Ⅰ』第二章第九節）を引用して、そのことを明確にしている。

いま、人間はその自然本性的能力によっては獲得することができないような究極目的・幸福へと、自然本性的に秩序づけられている、というトマスの根本的前提は「背理の極み」だと述べたが、人間の幸福をめぐるトマスの議論はたしかにそのような「背理」あるいは「逆説」の要素をふくんでいる。実際に、「自然本性的能力によっては獲得することができないような究極目的・幸福へと、自然本性的に傾かしめられている」ということは、「人間の自然本性は自らを無限に超え出て、神性を分有することによって、まさしく人間本性として完成される」ということにほかならず、人間の幸福をめぐるトマスの議論の根本的前提はそのような「逆説」的な「人間本性」理解だったのである。

X

『神学大全』第二部の人間の幸福をめぐるトマスの議論については、このほか色々と問題はあるが、ここではトマスが来世においてのみ到達されるという究極の完全な幸福と、その幸福をめざして営まれる現世の生活との関係――結びつきと断絶――をどのように考えていたのかをふりかえることにしたい。トマスは人間の地上の生活は諸々の悪、苦難、誤謬《ごびゅう》と失敗に満ちていることを繰り返し指摘しており、それに対して来世の幸福はすべての悲惨からの解放であり、栄光（gloria）の生であると言う。この見方から言うと、地上の生は人間が必然的にそれに縛られている苦しい労働であるのに対して、来世の幸福はそのような労苦のなかにあって人間が思い描く快適で安楽なレジャーとレクリエイションの日々にたとえられそうである。このたとえは、完全な幸福とは、それこそ人間の思いと望みを無限に超えるものである、という断絶の強調としては当たっていると言えるであろう。しかし、このたとえだけでは幸福の獲得と、幸福の道としての現世の生活との連続性が欠落しており、別のたとえで補足する必要があると思われる。

そのもう一つのたとえとは、前に言及した、名曲の完璧な演奏をめざすオーケストラのリハーサルの反復と、本番の演奏である。人間が時間のうちに生きているということは、一つの選択に失敗しても、つまり悪《あ》しく選択しても（＝悪しく為《な》しても）、常にやり直すことが可能だ、ということである。こうして生涯を通じての「選択の練習」のおかげで、最後に善そのものを選び、善そのものと合一することが完全な幸福にほかならない。このたとえを取り入れることで、トマスが現世において到達可能な幸福を、「不完全」とはしながらも、「虚偽」の幸福として斥けることなく、完全な幸福への類似・分有であるかぎり、観想的生活(vita contemplativa)を高く評価したことの意味もよりよく理解できるであろう。しかし、トマスはこの「類似」は、同時に無限なへだたりを認めることによってのみ正しく理解されるという「断絶」を強調していることを見失ってはならない。

XI　結論として、トマスの人間の幸福についての論述全体の問題は、さきに述べた「人間の自然本性は自らを無限に超え出て、神性を分有する（神化される）ことによってのみ、まさしく人間本性として完成される」という、逆説的な「人間本性」理解に集約される、と言うことができる。そして、現代のわれわれにとっての問題は、トマスのこのような「人間本性」観は理解可能か、また理解可能であるとして、われわれにとってどのような意味があるのか、というものになるであろう。

まず、人間本性のうちには自らを無限に超え出ようとする、いわば無限への自己超越のダイナミズム、とも言うべきものが見出される、という点に関しては何らかの理解が可能であると思われる。トマス自身、人間の知性と意志は特殊的に限定された対象に関わることでは満たされず、根源的に「無限へのちから」であることを示そうと試みていることはすでに述べた。実存哲学の隆盛期に、キェルケゴールと並んで実存哲学の先駆けの一人に数えられたパスカルは「人間は無限に人間を超えているということを知れ」（Apprenez que l'homme passe infiniment l'homme）と言明することによって、人間は根元的な自己超越を通じて自らの本性を実現する存在であることを強調している。[25] トマスはかつて彼の「存在」（esse）は「実存」（existentia）であると解釈したトマス主義者たちによって「実存哲学者」と呼ばれたことがあった。この解釈の当否は別として、トマスが人間はこの世界で、時間のうちに存在しながら、無限・永遠な存在と直接に結びつくことによって自らを超越する能力――自由――を有することを強調した点で、実存哲学に与していたことは確かである。問題はトマスと現代の実存哲学とを対置させたとき、トマスの言う人間の「自己超越」を最終的に人間「である」ことの限界を無視した非条理と見るか、あるいは現代の実存哲学者をも凌《しの》ぐ徹底した、限りない探究の徴《しる》しと見るか、ということではなかろうか。

たしかに、このような人間の自己超越が「神性の分有」によって実現される、というトマスの立場は容易に理解されるとは考えられない。実際、「神の本質の直視」は、いかなる媒介にもよらず、「神を視る者」のうちに現存する、神の本質そのものによってのほかは不可能なのであるから、神を見るという完全な幸福は、人間が「神性の分有」によって「神となる」ことによるほかは到達されない、というのがトマスの根本的な立場なのである。いったい、誰が、そしてとくに現代のわれわれがどうしたらこのようなことを理解できるというのか。

実を言えば、自明な原理によって論証された知識、という意味では、トマス自身このことを「理解」してはいなかったのである。むしろ彼は根本的には「信仰のみによって」(sola fide) このことを肯定していた。しかし彼にとっては、この信仰はひとつの経験され、実証されることの可能な歴史的実在にいわば根を下ろしていたのであって、それは彼が「真の人であり、真の神である」と信じたイエス・キリストであった。「神を見る」ということは「わたしと父(なる神)は一つである」(『ヨハネ福音書』第一〇章第三〇節、第一四章第一〇、二〇節、第一七章第二一、二二節)と明言するキリストにおいては何か将来の約束や希望ではなく、現実だったのである。その意味でトマスの「幸福」観は彼のキリスト論のうちに堅固な支えを見出していたと言えるであろう。さきに、人間本性からして確定されるような人間の目的を確実に認識することはたしかに困難であるが、いかに困難であってもそれは試みなければならない……一種の賭けである「信仰」の光に頼ってでも、というのがトマスの確信であり、こんにちのわれわれに対するトマスの「挑戦」であったと言えるのではないか、と述べたが、トマス自身、いわば「キリストに賭ける」ことによって彼の「幸福」説を構築していたのである。

第七章　トマスの政治哲学――「共通善」の復権

I　「トマスの政治哲学」という表題をつけたが、『神学大全』第二部では広い意味での「社会倫理学」ないし「社会哲学」に属する問題は色々と論じられているものの、「政治哲学」に関するまとまった考察が為《な》されているわけではない。しかし、トマスは法および正義に関して体系的な理論を展開しており、戦争と平和、裁判、犯罪と刑罰などの問題についても詳細に論じているので、それらからトマスの「政治哲学」の輪郭を探りだすことは不可能ではない。「共通善」の復権という副題をつけたのは、アリストテレスからキケロを経てトマスへと受け継がれた政治哲学の中心概念である「共通善」が、わが国ではまったくと言ってよいほど無視され、忘却されているのは、あまりにも大きな損失であると言うほかなく、ぜひその回復というか、復権をはかりたい、という気持ちにかりたてられるからである。

トマスがアリストテレス―キケロから受け継いだ政治哲学の特徴を示すために、その基本原理の一つである「法の支配」の理念について触れておこう。アリストテレスは『政治学』第三巻で、誰が国の主権者でなければならないか、多数者か、富裕者か、より優れた人たちか、最も優れた一人の人か、僭主か、それともむしろ法か、という問題を提起し、吟味の末、法が支配するのが望ましいとの結論に傾く。[1] その理由は、法の支配とは神と理性のみの支配であるのに対して、人間の支配は激情《パトス》や欲求という獣的な要素をふくむからだ、と言う。アリストテレスによると、法の支配の利点は、理性《ロゴス》の支配ということにとどまらず、法は個人の限界を超えて長期間の歴史的経験によって支えられ発展させられるものであり、さらにまた諸々の国制のなかで最善のものであると思われる（王制・貴族制・民主制の）混合政体は、現実に法の支配に帰着する、という事実も法の支配が望ましいことの根拠である。ただし、アリストテレスが法の支配は理性《ロゴス》の支配であると言うとき、法がどのように人間的恣意にうちかって、理性《ロゴス》の支配を貫徹できるか、それができるのはいかなる法なのかは明確に示されていない、と言わざるをえない。

このようなアリストテレスが残した問題と取り組んで、理性の支配としての「法の支配」を可能とするような「真の法」（lex vera）の概念を確立したのがキケロ（Marcus Tullius Cicero 紀元前一〇六―四三）であった。キケロは『国家について』のなかで、国家（res-publica）を国家として成立させるのはたんなる事実上の統一ではなく、正義にもとづく合意と福祉の共有でなければならぬとした上で、[2] そのような正義の源泉である「真の法」についての雄弁な讃美の言葉を連ねている。[3]「真の法は自然と合致するところの正しい理性である」という言明で始まる有名な「真の法」讃美の言葉は、後世、正義の源泉としての「自然法」の概念にはじめて明確な表現を与えたものとして評価されることになるが、私が注目したいのはそれが思弁的ないし理論的営みの成果ではなく、むしろ実践的な歴史的経験の所産だったということである。キケロは若い時アテネで学び、プラトン、アリストテレス、ストア哲学から多くを学びとったが、「法の支配」の支柱である「真の法」の概念は、長年にわたって歴史的経験を次々と制度に組みこむことによって高度の公正さと安定性をもつ政治形態を確立することに成功したローマ国家（res-publica）の歴史的発展をふりかえることで生まれた、「政治家」キケロの「法の実践的知恵」（juris-prudentia）の結晶だったのである。

「法の支配」の理念は、この後、「正義の源泉」としての自然法にもとづく「コモン・ロー」（common law）によって国王の恣意的な権力乱用を抑えこもうとした中世イギリスのコモン・ロー裁判官たちによって受け継がれ、確立されるが、彼らがよりどころとした自然法の理論は主としてトマスによって構築されたものであったことを指摘しておこう。そうであるとしたら、違憲立法審査権の原則を通じてコモン・ロー的「法の支配」の理念を受け継いでいる日本国憲法とトマス法思想とのつながりについて語ることもたんなるこじつけではない、ということになりそうである。

Ⅱ

法・正義理論を中心にトマスの政治哲学の現代的意義について考察する前に、より一般的なトマスの社会思想の特徴に触れておきたい。まずトマスはアリストテレスが『政治学』第一巻で「人間は自然本性的に国的《ポリス》動物である」[4]と述べたのを受けて、人間は自然本性的に他の人間との交わり（societas　社会）において生きるべき存在である、との意味で「社会的動物」であること、社会的本性を有することを一貫して肯定している。[5]言いかえると、複数の人間が相互に契約を結んで社会・交わりの状態に入る前の「自然状態」といったものを仮定したり肯定する必要はないということである。さらにまた、古代ローマの喜劇作家プラウトゥス（Plautus　紀元前二五四―一八四）の言葉をかりてホッブズ（Thomas Hobbes 一五八八―一六七九）が「人は人にとって狼である」（homo homini lupus）と述べ、「万人の万人に対する戦い」が人間の自然状態であったと主張したのとは対照的に、トマスは「人は人にとって（自然本性的に）友である」（homo homini amicus）と繰り返し述べている。[6] さらに、他者との関係を正常で快適なものにする真実（veritas）、友愛（amicitia）、愛想よさ（affabilitas）などの徳はそうした人間の社会的本性に根ざす社会的徳であると主張しているのである。[7]

人間は「自然本性的に」社会的動物であると言うときの「自然本性的」をどのように厳密に理解するかが問題であるが、トマスは多くの箇所で、人間が社会的動物であるのは生きるために必要不可欠であるものを独力では確保できないからである、と述べている。[8] 彼によると、人間は諸々の動物の間にあって、自分の仲間である他の人々によって助けられることを最も必要とするような存在であり、そのことはたんに生存に関してのみではなく、人間として知的、精神的に成長をとげることに関しても妥当することを強調する。[9]

しかし、ここでトマスの社会思想の特徴として強調しなければならないのは、トマスはけっして人間の社会的本性を、人間は独力ではその必要とするものを確保できないという欠乏的要素のみにもとづいて捉えていたのではない、ということである。人間はただ自分が必要とするもの、自分を支援し、慰め、悦びを与えてくれるものを受けとるためにだけ社会、つまり人々との交わりのなかで生きているのではない。むしろ人間は自らの豊かさを他の人々とわかちあい、文字通り自らを与えるためにも社会のなかで生きているのだ、というのがトマスの考えであった。彼が正義を完成するものとしての愛（caritas）を諸々の人間的な徳のなかで最高であると共にすべての徳を「徳」たらしめる根源であるとしたのは、愛（徳）こそはそのような人間の社会的本性を完成する徳であるとの理由からであった。[10]

ところで、人間が社会を形成するのはその自然本性にもとづくものであり、その意味で人間が社会的動物であることはアウグスティヌス（Augustinus 三五四―四三〇）も認めていた。しかし、アウグスティヌスが人間の社会的本性にもとづく社会として肯定したのは家族社会のみであった。国家ないし政治社会は、人間による人間の支配、したがってまた人間への人間の隷属であるかぎり、自然本性にもとづく社会というよりは、むしろ人間の罪の結果として生じた支配欲（cupiditas dominandi）にもとづくものとされ、隷属は罪に対する罰として捉えられた。[11]したがって、アウグスティヌスによると、人間は自然本性的に社会的動物ではあっても、政治的《ポリス》動物ではなかったのである。

これに対して、トマスは明白に人間は「社会的および政治的《ポリス》動物である」と繰り返し述べており、国家ないし政治社会もまた人間の自然本性にもとづくものであり、罪の結果であるとは考えていない。国家は人間による人間の支配ではあっても、支配者が支配を通じて自己の利益ではなく、被支配者の善、あるいは共同体全体に共通の善を追求するならば、そこで被支配者は奴隷としてではなく、自由人として支配されるのである。したがって、トマスによると支配の制度としての政治社会ないし国家において生活することも人間にとって自然本性的であり、国家は人々が「善き生」を営み、幸福を追求するための諸条件をすべてつくりだすことができる自足的な社会であり、その意味でアリストテレスとキケロが言ったように完全な共同体なのである。[12]

このように、トマスは国家もふくめて、人間の社会ないし共同体は根源的に自然本性的なものであり、けっして社会契約、あるいは対抗者《ライバル》を許容しない強制力をもつ唯一の最高権力にもとづいてはじめて成立するのではない、と考えていた。しかし、トマスによると、人間の社会を社会として成立させる根源ないし社会的絆《きずな》は人間の社会的本性にもとづく、ということはたんに静的・固定的な意味に解してはならない。むしろそれは共通善(bonum commune)、つまり社会を構成するすべての人間に共通の目的ないし善の実現をめざす、人々の共同的な働きにもとづく、という動的《ダイナミック》な意味に解しなければならないのである。[13] このように共通善の理念にもとづいて人間の社会全般、とりわけ国家・政治社会の成立と構造を理解しようとする立場は、私の見るところ、近代の社会哲学ないし法哲学ではほとんどまったく無視もしくは忘却されており、とくにわが国では「共通善」という用語が政治や法をめぐる論議において姿を現すことすら稀《まれ》である。その理由については色々と論じなければならないことが多いが、ここでは共通善の概念が占める位置に注意をはらいながら、トマスの法、および正義理論の特徴をあきらかにしたい。

Ⅲ　トマスは『神学大全』第二部前半の総論部分で第九〇問題から第一〇八問題にわたって法について論じているが、そのうち最初の七問題で法の本質、分類、その機能と改変などを一般的に取り扱い、残る一二問題を旧約の律法および新約の福音の法の考察にあてている。これらのうち、法の分類に関して興味深いのは、トマスは教会法の父と言われるグラティアヌスの『法令集』をはじめ、教会法の文献を屢々《しばしば》引照しつつも、「教会法」(lex Ecclesiae, jus canonicum) という用語はまったく使用せず、また「人定法」(lex humana 成文法と慣習法をふくむ、人間によってつくられた実定法) について論ずるさいにも、そのなかにふくまれているはずの教会法にはいっさい言及していないことである。ついでに言うと、『神学大全』のなかで教会法への言及が為されるのは極めて稀である。[14] トマスはたしかに教会と世俗的な政治社会、あるいは教皇の霊的権威と政治権力との関係については当時の教会法学者《カノニスタ》と見解を異にする点が多かったが、それが教会法への言及が少ないことの理由ではなく、むしろトマスが「法」という言葉で主要的に理解していたのは自然法であって、教会法をふくめた人定法ではなかった、というのがその理由であったと考えられる。

ところで、『神学大全』第二部「人間論」ないし「倫理学的考察」に「法」(lex) に関する論述が導入されるのは、人間的行為の「外的根源」としてである。つまり、人間的行為をいわば人間の内部から秩序づける内的根源としての諸々の徳のほかに、人間的行為をいわば人間を超えたところから規制し、導き、支える外的根源がある、と言うのである。ところで、トマスは単純に法は人間的行為の外的根源であると述べているのではなく、外的根源のうち悪へと傾かしめるのは悪魔であり、善へと動かす外的根源は神であって、神は法（lex）でもってわれわれを教導し、恩寵（gratia）でもって助ける、という言い方をしている。[15] 人間が生まれながらに備えている諸能力を、習慣づけやその他の仕方で増強・完成することによって取得される優れたちから（virtus）が徳（virtus）なのであるから、それが内的根源と呼ばれることは問題がないが、法は人間的行為の「外的」根源である、というトマスの言い方は誤解を招くおそれがある。

われわれは、法と道徳とを区別する伝統的方式として道徳の内面性に対する法の外面性という言い方に慣れ親しんでいるため、「外的」根源という言葉を聞くと、直ちに行為主体の自由ないし自律と対立する外からの規制あるいは強制という意味に理解しがちである。しかし、トマスが法とは神がそれでもってわれわれを教導する規範であると言うとき、法は人間の自律と対立する「外からの」規制であり、その意味で「他律的」であるとはけっして考えていなかった。そのことは、この後、法は理性に属するものである、というトマスの基本的立場をふりかえることであきらかになると思う。なぜなら、法が本質的に理性に属するものであり、人間理性がそれに従い、それに導かれることによって、自らを理性としてより完全にすることができるものであるならば、法による規制は理性にとって自然であり、けっして暴力的な強制ではありえないからである。したがって、道徳は人間の意志の自由ないし自由意思を前提とするものであるから内面的であり、これに対して法は人間の自由を制限ないし拘束するものであるから外面的である、という立場は、法は本質的に理性ではなく、意志に属するものである、という前提にもとづくと言えるであろう。「法―意志説」という、広く受けいれられている学説をここで詳しく検討することはできないが、それは法を専《もっぱ》ら実定法に即して理解することにもとづく理論であることだけは指摘しておきたい。

さらにここで道徳の内面性、法の外面性という、自明の理とされている方式そのものが、人間の自由ないし自律を絶対視する虚偽の前提にもとづくものではないか、ということを示唆しておきたい。トマスは、人間が人間として、つまり道徳的に生きるためには、必ず（実践的）理性の選択・決定――それが実際に善い選択であるか悪い選択であるかに関わりなく――に従って行為しなければならない、そのかぎりで自己決定的・自律的でなければならない、という立場を堅持した。しかし同時に、人間の理性は（人間が有限であり、神によって創られた存在であるかぎり）神によって導かれる必要があり、そうでなければ善い選択はできないことはあきらかだ、と考えたのである。したがって、トマスは理性が善い選択――より厳密に言えば、（意志による）選択に先立つ実践理性の判断――を行うために自らを神（的規範としての法）に従わせることは、自律の否定であるよりは、むしろ自律のあるべき仕方であり、その完成であると考えたのである。

Ⅳ　トマスの「法」理解の最も顕著で重要な特徴は、彼が法を専ら実践理性の働きとの関係で捉え、法は本質的に理性に属する何ものかである、と主張していることである。われわれが「法」という言葉ですぐに思い浮かべるのは民法や刑法など、できあがった法律の体系であり、それが強制力をもつ社会規範として適用される、というふうに考える。そして強制力をもつ法が働きかけるのは（法の下にある人間の）意志に対してである。これに対して、トマスはわれわれが人間として行動するとき、実践理性はいつも為すべき事柄について一種の（実践的）三段論法をつくりだし、その結論を行動に移すのであるが、この三段論法の大前提にあたる普遍的命題が法の本質を有する、と考える。ここで「普遍的命題」というのは、何らかの実践理性の命令であり、それを実践理性は「いま・ここにおいて」為すべき事柄に適用することによって実践的判断（それに選択が続く）という結論を下し、行為に移るというのである。

いま法は実践理性の「命令」(imperium) である、と述べたことに関して、何者かに命令するとはその者を或る行動へと動かすことであり、そして動かすのは理性ではなく意志の働きなのであるから、法はやはり意志に属すると言うべきではないのか、という疑問が浮かんでくるかもしれない。実際に、法は法の下にある者たちを動かすということからして、法とは立法者であるかぎりでの支配者の意志の表現である、という考え方は広く受けいれられている。

これに対してトマスは、命令する働きはたしかにそれによって何者かを或る行動へと動かすという結果をふくむかぎり、意志の働きを前提するものであり、命令のうちには意志の働きの何ものかが残存していることは確かであるが、本質的にはやはり理性の働きである、と主張する。[16] その理由は、命令するとはどんな仕方によってであれ動かすということではなく、相手に何らかのことを知らせ、通告することによって、何事かを為すように秩序づける働きであり、そのように秩序づけるのは理性の働きだからだ、というものである。したがって、法をいわば単純に、機械的に法の下にある者を動かす手段として理解した場合には、法は理性に属するというよりは、むしろ意志に属するものとなるのであり、法―意志説をとる論者は法が法の下にある者を動かす、という事態をあまりに単純化しているように思われる。しかし、法が法として動かすということのためには、法は法の下にある人間を人間にふさわしい仕方で、つまり理性にもとづいて行動する自由な人間として動かさなければならないのであって、そのためには十分な告知と通告によって行動へと秩序づけなければならないのである。この点に関してトマスは、「法は支配者の意志である」というローマ法の言葉は、支配者の意志が理性によって規制されているとの条件の下でのみ真実であって、「そうでなければ支配者の意志は法であるよりはむしろ無法（iniquitas）であろう」[17]、と言明している。

法は理性に属する何ものかである、というトマスの主張は、さきに触れたように、彼が「法」という言葉で第一に、そして主要的に理解しているのは、こんにちわれわれが「法律」と呼ぶ実定法ではなく、自然法であったことを思い合わせるとき、より理解し易いものとなる。トマスは自然法を、万物の創造主である神のうちに見出される創造の理念ないし、事物の統治理念である永遠法にもとづいて理解し、「自然法は理性的被造物（人間）における永遠法の分有である」[18]と定義しているが、ここでは自然法の神学的基礎づけは問題ではないので、永遠法の概念に立ち入る必要はない。むしろ、自然法とは何であるかを理解するためには、自然法こそ人間にとって第一義的で根本的な法である、とのトマスの立場を確認した上で、それは人間の実践理性が「いま・ここで」為すべき事柄について判断・選択を下すために何らかの形で行う推論、いわゆる実践的三段論法において、第一原理の役割を果たすものである、という説明[19]に目を向けるべきであろう。

つまり、トマスによると、法が普遍的命題の形をとる実践理性の命令であるように、自然法は端的に言って実践理性の第一原理であって、「善は為すべく、追求すべきであり、悪は避けるべきである」という法の第一の掟《おきて》にもとづき、実践理性が自然本性的に為すべきこと、あるいは避けるべきこととして一種の推論にもとづき捉えることをその内容とする。この説明を正確に理解するためには、「善は為すべし」という同語反復的で、無意味とも思われる法の第一の掟、および「自然本性的に捉える」という言い方について説明を補う必要があるが、ここではその問題には立ち入らない。むしろ、トマスにおいて自然法は何か神の意志の表現といったものではなく、根本的に実践理性の働きという枠組みのなかで理解されているのであるから、自然法は、法として、理性に属することは明白であることを確認しておきたい[20]。

さらに、トマスによると人定法、つまり人間によって制定された法はすべて、それが自然法から導き出されているかぎりにおいて法としての本質を有するのであって、何らかの点で自然法に反し、逸脱しているならば、もはやそれは法ではなく、むしろ法の破壊である。[21] これは過激な、「不正な法は法にあらず」という厳しい宣告と受けとられるかもしれないが、実は法は理性に属する何ものかである、という立場を実定法に適用したものにすぎない。法は一般的に、実践理性が為すべき事柄について判断するさいに、よりどころとする普遍的命題であり、それら普遍的命題が最終的によりどころとする実践理性の第一原理が自然法にほかならないとするのであれば、何らかの仕方で自然法から導き出されない法は「法」としての本質を有しないことは明白だからである。

すべての実定法が何らかの仕方で自然法から導き出されるものであり、自然法に反する法は「法」としての本質を有しない、というトマスの立場は、（教会と国家の分離、したがってまた道徳と法との区別を根本原則とする）世俗的な近代国家が成立する以前には妥当したかもしれないが、こんにちでは一つの学説としては理解できても、政治の現実には合致しない、と批判されるかもしれない。しかし、われわれが自由な人間として法に従うのは、法がわれわれの良心、つまり実践理性を拘束するちからを有するかぎりにおいてであるとすれば、すべての法は何らかの仕方で実践理性の第一原理としての自然法から導き出されることによって「法」としての本質を有する、というトマスの立場を簡単に斥《しりぞ》けることはできないのではないだろうか。そうであるならば、われわれの間で自明の理と受けとめられている「法—意志説」が実際に自明の真理であるのか、そして法は本質的に理性に属する何ものかであるというトマスの立場の妥当性についても一考の余地があるのではないか、と思われてくるのである。

V　トマスの「法」理解のもう一つ顕著で重要な特徴は、法は共通善へと秩序づけられていることをその本質とする、という立場である。[22] ちなみに「共通善（共同善）」（bonum commune）という言葉が、さきに触れたようにわが国では学問的用語としても、日常言語としてもほとんど姿を現すことがないという事実は、実のところ長年私が不思議に思っている社会現象の一つである。『広辞苑』の「共通」（「共同」）の項目の下にも「共通善」（「共同善」）は出てこないので、この言葉、そしてその概念はわが国では「未知の国」なのであろう。「公益」とか「公共福祉」という言葉は「共通善」の或る限られた側面には対応するが、けっして「共通善」と置きかえることのできる言葉ではない。いずれにしても、「共通善」という言葉の不在はわが国で通念あるいは通説化している社会・政治思想の或る種の傾き（偏《かたよ》り？）を示しているようである。

法の本質としての共通善への秩序づけは、実はさきに述べた「法は本質的に理性に属する何ものかである」という立場と密接に結びついている。なぜなら、法が実践理性の命令、つまり意志によって支えられた理性的秩序づけであると言うとき、この「秩序づけ」は必ず何らかの目的・善へ向かうものであり、そのような目的・善を、より正確に言いあらわしたものが共通善にほかならないからである。言いかえると、われわれが法を意志の働き、ないし発現として、限りなく物理的な強制力に近づけて捉えるのではなく、本質的に理性による秩序づけとして理解した場合には、共通善への秩序づけが法の本質であることはごく自然に理解されるのである。

では共通善（bonum commune）とは何か。「共通善」という言葉が共同体を構成する部分である各々の個人に固有の善（bonum proprium）、言いかえると私的善（bonum privatum）から区別された何かを指すものとして語られるかぎりではその意味は容易に理解できるが、共通善自体は何であるかという問題は複雑であり、トマスの著作からそれに対する答えを見出すことも容易ではない。トマスは、政治的共同体の共通善については、それは個々の成員の善のたんなる集積ではなく、むしろすべての成員の協働によって実現され、またすべての成員に還流させられるべき全体の善であるとした上で、それには三つのレベルが区別される、と述べている。最高のレベルはすべての人が究極目的に到達して幸福な生を享受することであり、これは現世では実現できないが、その準備段階としての愛（徳）(caritas) にもとづく諸々の人格の交わりは現世でも実現可能である。第二のレベルは、人々がそのような幸福な生の実現のための態勢づけ、ないし訓練としての倫理徳（virtus moralis）にしたがって生きること、第三のレベルはそのような人々の「善き生」を可能とするような諸々の外的・物質的条件の充足である。通常「公共福祉」と呼ばれているものが、ほぼ共通善の第三のレベルに相当することはあきらかであろう。[23]

ところで、政治共同体の共通善の内容をより具体的に規定するという問題にはここでは立ち入らないが、トマス自身はこのような政治共同体の共通善が、現実の問題として、どのように人定法にもとづいて統治を行う為政者によって実現されうると考えていたのか、簡単にふりかえっておきたい。

まず前述の共通善の三つのレベルのうち、為政者が人定法によって有効に実現でき、また実現すべきであるのは、第三の「人々の善き生」を可能とするような諸々の外的・物質的条件の確保、何よりも社会自体の維持にとって必要不可欠な統一と秩序の確立である、とトマスは考えていた。この点に関しては法と道徳を分離する近代思想と共通であるが、トマスによると、世俗権力を保持する為政者は共通善のより高い次元である「人々の善き生」、つまり倫理徳にもとづく生活を人定法によって有効に実現することは不可能であり、それを政治の直接的目的とすべきではないが、政治のより高い目的として意図することは必要なのである。なぜなら、倫理徳にもとづく生活は人間の究極目的である幸福な生――それは共通善の最高のレベルである――への道であり、為政者は政治を行うにあたって常に人々の真実の幸福を配慮し、その実現を意図しなければならないからである。このように為政者は自らの固有の権能によっては実現できない目的を意図しなければならない、という要求は不合理のように思われるかもしれないが、トマスが強調しているのは為政者はあくまで人間の真実の幸福を見定め、真実の価値観にもとづいて、つまり価値の優先順位を見失うことなしに政治を行わなければならない、ということに帰着するのであり、それはこんにちでもそのまま妥当する政治倫理の根本原則であると言えるのではなかろうか。

VI

これまで諸々の人間共同体が実現をめざすべき共通善、とくに実定法がそれへと秩序づけられている、「完全な共同体」としての政治社会・国家の共通善について述べてきたが、トマスは屢々、神を、また有限の善のうちでは最高の善である宇宙全体の完全性としての宇宙秩序（ordo universi）を「共通善」と呼んでおり、このことは読者を困惑させてきただけでなく、研究者にとってもその正しい解釈は困難な問題であった。トマス学者のなかにも、政治共同体の目的としての「共通善」と、神や宇宙秩序が「共通善」と呼ばれる場合とでは、この言葉の意味はまったく違うのであって、それらを一緒に論じることはできない、と主張する者がむしろ多かった。しかし私は、これらの場合において「共通善」という言葉はまったく同じ意味で用いられているのではないが、それら異なった意味の間には根本的な統一性ないし類似性があり、それに注目することは極めて重要である、と考える。[24]

つまり、共通善とは或る共同体・社会を構成するすべての成員（＝多数者）が「共通的に」（communiter）追求する善であるにとどまらず、それ自体、多数者によって「共有されうる」（communicabile）ような善なのである。感覚的な欲望の対象である物質的な財は、誰か一人が独占的に所有すれば、他者は必然的にその所有や享受から排除されるのであり、それ自体「共有されうる」ものではない。これに対して理性的ないし知性的な欲求能力である意志の本来の対象は（真理の）知識や諸々の徳であり、それらはそれ自体、多数者、あるいはむしろ万人によって「共有されうる」善である。トマスはそのような万人によって共有されうる善を「全的（普遍的）善」（bonum universale）と呼ぶが、時として「共通善」とも呼んでいる。ここからして、共通善とは共同体・社会の成員たちが感覚的欲望のままに追求する善ではなく、むしろ「理性的」欲求である意志によって、あるいはそうした意志にふさわしい仕方で追求する善にほかならないのである。神、および宇宙全体の完全性としての宇宙秩序がどのような厳密な意味で「共通善」であるのか、という問題にここで立ち入ることはできないが、それらが独占的に所有され、享受されるべき善ではなく、むしろ万人によって共有されることが可能であり、また共有されるべき善である、との意味で「共通善」と呼ばれるのが適切であることはあきらかになったと思う。

Ⅶ　しかし、われわれは人間は生まれながらに利己的である、という考え方に慣れており、また支配や権力への野望が魔力をふるうことも承知しているので、共同体のすべての成員にとっての善である共通善、という概念はたんに理想を追うものであって、人間の現実の社会的・政治的活動からはかけ離れたものだ、として斥ける人が多いのではないか。法は共通善へと秩序づけられることによってのみ法としての本質を有する、というトマスの立場に対しても、たしかに外敵の侵略や内乱を阻止して平和や社会秩序を保持することをめざすかぎり、法とそれにもとづく政治は共通善へと秩序づけられていると言えるが、その他の財や富の配分、義務や労苦の負担など、法と政治が関わる大半の事柄においては党派性や利害が決定的な影響力をもつのであって、共通善という大義はまったく無視されるほかない、と考える人が多いであろう。国家ないし政治的共同体の統一は、その成員たちが共通善を追求することによって成立するものであり、いわば倫理的な求心力とも言うべきものがそれを支えている、というよりも、むしろ、党派や利害の対立が或る限度内に抑えられているという力学的均衡によって保たれている、というのが常識的な考え方であるように思われる。

このような津波のようにおしよせてくる「政治的現実主義」を前にして、共通善概念を中心にするトマスの政治哲学を説得的に擁護すること、すくなくとも一つの選択肢として提示することは、ほとんど不可能であり、無意味であると思われるかもしれない。しかし、われわれが人間の社会的本性を、たんに感覚的・動物的生命のレベルで他者の援助を必要とするという欠如的な側面においてだけでなく、知的ないし霊的生命のレベルで自らの豊かさを他者とわかちあうために社会、つまり交わりのなかで生きることを求める、という側面をも視野に入れて理解するとき、共通善の追求が（政治社会もふくめて）人間共同体の統一を基礎づけるものであり、共同体を共同体として成立させる根拠である、という立場はけっして現実を無視した理論ではないことがあきらかになるであろう。

さらに、トマスによると、人間の社会的本性はけっしてたんに生まれながらに各人に植えつけられているもの、その意味でのたんなる「所与」にとどまるのではなく、むしろ各人がその生涯をかけて形成し、完成しなければならないものであることを理解するとき、共通善の追求が人間共同体の成立根拠であるという立場は高度の説得力を帯びてくるのである。社会的本性の形成ないし完成は徳（virtus）を身につけることを通じて実現され、達成されるのであるが、ここでとくに注意を向けなければならないのは諸々の徳のなかで人間の社会的本性の形成・完成にあたって中心的役割を果たす正義（justitia）の徳である。

　徳を身につける、と言うと道徳的卓越性をめざす何か特別の生き方であり、並々ならぬ努力と修練を必要とするものであって、ともするとエリート趣味か、一種の偽善として受けとられるかもしれない。しかし、真実を言うと、それは人間が人間として生きることそのものであって、それ以上でも以下でもない。人間の本性は、トマスによると、極度に未完成（逆に言えば、無限に完成可能）であって、生涯を通じて完成されるべきもの、なのである。そして、そのような人間本性の完成（すなわち人間の究極目的）をめざして生きることが人間として生きることにほかならない。したがって、人間の教育の中心課題は、人間であることの学び（それは当然のこととして生涯学習である）であり、それは諸々の徳を身につけることによって達成される、ということはトマスにとって自明のことであった。

　人間の社会的本性を形成・完成する社会的徳としての正義について言うと、トマスにとって、この徳を身につけることが人間共同体の成員である自由な人間にとっての文字通り最も重要な「仕事」であった。それは、アリストテレスやキケロの政治哲学から継承された基本的立場であり、人間共同体は共通善の追求をその成立根拠とする、という立場は、共同体を形成する成員の最も重要な「仕事」は社会的徳としての正義（それは後述するように人間を共通善へと秩序づける）を身につけることである、という原則を前提とするものだったのである。したがって、こんにちのわれわれをとりまく思想的状況のなかで、政治社会とその基本的ルールである法は共通善へと秩序づけられるべきものである、という考え方が影響力をもちえないのは、市民たち（とくに民主主義的な政治社会においては）の生涯にわたる主な「仕事」は、社会的徳としての正義（たんなる権利主張としての正義ではなく）を身につけることによって、真に自由で責任を果たしうる市民として成長することである、という政治倫理の原則が根づいていないからだ、と言えるのではなかろうか。

Ⅷ　正義（justitia）（以下、「正義」は人間の社会的本性が形成、完成された社会的徳としての正義を意味する）の古典的な定義は、ローマ法の「正義は各人にかれの権利《ユス》（ius）を帰属させようとする不動で恒久的な意志である」[25]であり、したがって正義とは何であるかをより正確に理解するためには、それが関わる権利《ユス》とは何であるかをあきらかにしなければならない。ところで「権利」という言葉は、通常、各人が何かを自分のものとして主張ないし要求するちから、という意味で用いられている。そして、そのような権利のなかには基本的人権のように、人間であることから当然帰結する権利としての自然権もふくまれるが、一般には権利は法律によって確定されるもので、そのように法律によって確定された権利を、斉一的および厳格に各人に帰属させることが正義である、という見解が一般的に受けいれられている。

しかし、このような「正義」および「権利《ユス》」理解は、徳としての正義の本質を完全に見落としており、正義をたんにその末梢の側面で捉えたものにすぎない。むしろトマスの「正義」理解に従えば、正義の対象である各人に帰せられるべき「権利《ユス》」は、正義（の徳）にもとづいて、しかも正義の徳が徳として成熟をとげ、完成されることによってのみ正しく確定されることが可能なのである。すなわち、上述したような、法律によって確定された「権利《ユス》」を斉一的および厳格に各人に帰属させることによって実現される正義とは、「法の下なる」あるいは「法にもとづく」正義という意味での適法的正義であり、これはトマスによると、広く知られている正義の種類であり、また政治社会にとって必要不可欠な正義ではあるが、徳としての正義という観点から言えば、正義の最も低い段階に位置づけられるのである。

トマスのこの見解は、ほとんど自明の理であるかのように正義を適法的正義、すなわち「法にもとづく正義」（justice according to law）と同一視する現在の大多数の正義論者を驚かせるかもしれない。しかし、適法的正義は、各人に帰すべき権利を確定するための法を前提するのみで、その法が正しいか否かは問わないものであるかぎり、適法的正義の斉一的で厳格な適用に固執することは「最高（極度）の正《ユス》は最高（極度）の不正」（summum jus, summa injuria）[26]という格言通りの結果を生みかねないことに思い到るとき、正義を適法的正義のみに限る立場の欠陥は明白であろう。

正義を適法的正義と同一視するのがこんにちの通説的な正義論であるのは、各人に帰すべき権利《ユス》を確定する法の正義を問題にすることは価値観の領域に立ち入ることであり、価値の認識ないし判断に関しては相対主義ないし不可知論の立場をとる者が大多数を占めるかぎり、法にもとづく正義を超えて、法の正義を探究する道は閉ざされざるをえないからである。これに対して、トマスの正義論によると、徳としての正義は、各人の価値を社会全体との関係において適切に認識し、それにもとづいて各人にその価値に相応する権利《ユス》が帰せられるような法——すなわち「正しい」法——がつくりだされることを可能にするのである。

そのような適法的正義よりもより高次の正義は、「法の下なる」正義ではなく、むしろ「法に内在する」正義であって、それをトマスは配分正義（justitia distributiva）と呼ぶ。「配分」正義と言うと、財貨、利益あるいは負担などを、定められた規則・規準に従って各人に配分することに関わる正義であるかのように誤解されているが、実は、何らかの規準にもとづいて確定されたもの、つまり各人の権利《ユス》を斉一的かつ厳密に配分するのは、むしろ交換正義（justitia commutativa）とも呼ばれる適法的正義にほかならない。他方、配分正義とは、社会全体を構成する各々の成員に、各々が真にそれに値するものが与えられることを可能にする規則・規準としての法を、社会全体ないしその善を考慮に入れてつくりだすことに関わる、というのがトマスの立場であった。言いかえると、配分正義は各人に帰せられるべき権利《ユス》を正しく確定する法、その意味で「正しい」法の創出に関わる正義である。ちなみに、前世紀後半、大きな学問的関心を呼んだロールズ（John Rawls　一九二一—二〇〇二）の正義理論はこのような（古典的な正義理論にふくまれていた）配分正義の必要性を認め、その復権をめざす一つの試みであった。

しかし、配分正義は「正しい法」あるいは「法の正義」の観念が呼び起こす価値観の問題を、法の創出にあたって社会全体、ないし全体の善を考慮することによってひとまず解決したが、その解決は十分なものとは言えない。なぜなら、配分正義は或る政治社会の成員に帰せられるべき権利《ユス》が正しく確定されているかどうか、つまり権利《ユス》を確定する法が正しい法であるかどうか、という問題を解決するためのよりどころとして、当の政治社会全体の善、すなわち共通善に目を向けたのであるが、その共通善への関わり方が未だ不十分な段階にとどまったからである。

たしかに法は共通善へと秩序づけられることによって法の本質を確保するのであるから、配分正義は（各人の権利《ユス》を確定する）法がそれへと秩序づけられるべき共通善に目を向けることによって、法の正しさ、（したがってまた法によって確定される）権利《ユス》の正しさを或る程度まで確立することができる。しかし、配分正義は或る政治社会において事実上、共通善として認識され追求されているもの――トマスによると、そのような共通善の捉え方は貴族制、寡頭制、民主制など、国制の相違に応じて異なっている――を共通善として前提するのにとどまり、それが真実の共通善であるか否かを解明するてだては有していない。言いかえると、配分正義は共通善に目を向けることによって、法の正しさ、つまりそれが人間の恣意に委《ゆだ》ねられていないことを、当の共通善との関係においては確立できるのであるが、そこで前提されている共通善が真正なものであるか否か、すなわちそれがたんなる恣意性に委ねられていないか否かを確定することはできないのである。

では共通善そのものを対象とし、真正さの確立、あるいは恣意性の克服を可能にするような、より高次の正義の徳を考えることができるであろうか。ところが実は、トマスの正義論においては、交換正義や配分正義を超える、最高の正義の徳があるとされており、それがまさしく共通善そのものを対象とする正義なのである。[27] この最高の正義の徳とは、アリストテレスが徳の全体であり、終極的な徳《アレテー・テレイアー》であって、「夕星《ゆうつづ》も暁の星も」それより讃嘆すべきものではない[28]、という異例の評価を与えているものである。そしてトマスは、この正義は法がめざす目的、すなわち、法の究極にあると言える共通善を直接の対象とするかぎりにおいて法を超える正義であり、その意味で「法的正義」(justitia legalis)と呼ぶのが適当であると言う。共通善を直接の対象とする正義を「法的正義」と呼ぶ用法は、法によって確定された権利《ユス》を各人に帰属させる「法の下なる」正義(適法的正義)のほか「法的正義」と呼べるものを考えつくことの難しいわれわれには紛らわしいかもしれない。しかし、まさしくそこに、われわれが法や正義をたんにわれわれにとって理解し易い現象的側面だけで捉え、その本質を徹底的に探究するのを怠っていることの問題点が現れていると言えるのではないだろうか。

それというのも、われわれが正義の名によって主張し、要求する「権利《ユス》」(jus =正・法)は、法によって正しく確定されることによってのみ真正な「権利《ユス》」であることができる。そして法が正しい法であるためには、恣意的にではなく、政治社会全体の善である共通善を各人に、各人の価値に応じて配分することを可能にする法でなければならない。しかし、そのような配分が真実に各人にその「権利《ユス》」を帰するもの、すなわち真の正義でありうるのは、最終的にはそこで前提されている共通善が真正の共通善であることによってである。こうして法と正義の問題の全体が、どうすれば或る政治社会の成員が共通善の実現を可能にする徳としての正義、すなわちトマスの言う法的正義を身につけることができるのか、ということにかかっているのである。

Ⅸ　トマスの法的正義の概念は——それの直接的対象である共通善の概念と同じく——現代的な「正義」概念（それは徳というよりは情緒的態度としての正義であり、「権利」意識に裏づけられた正義である）の影響下にあるわれわれには容易に理解できない面をふくむ。しかし他方、われわれが現代的な「正義」概念の破綻を鋭く意識していることも事実であると言わざるをえない。なぜなら、こんにちわれわれの間で主張される正義は、世界的規模でも地域共同体のレベルでも、常に「誰か」の正義と見なされ、万人の普遍的な正義ではないからである。プラトンの『国家』で完全に論駁されたかのように見えた「正義は強い者の利益を名づけたもの」[29]というトラシュマコスの定義は、現代の「正義」概念を根底からゆるがす力を失っていない。ではどうしたらよいのか、それがわれわれの直面している問題であり、トマスの言う共通善を直接の対象とする法的正義とは、まさしくそのような正義の党派性ないし相対性を克服するための一つの道を示すものではないか、そしてその意味でそれは正義の問題を真剣に受けとめる者に対して挑戦として迫るのではないのか、と私は言いたいのである。

ところで、トマスの法的正義の理解を妨げる最大の問題は、いったいそれを「正義」と呼べるのか、ということであろう。正義とは各人にそれぞれの当然の持ち分を与えることであり、各人に与えられるべきものが規則や法によってあらかじめ確定されている場合には、つまり交換正義の場合には、「正義」は誰にでもはっきり認められる。ところが、法的正義の場合、当然の持ち分を与えるべき相手とは共同体の全体であり、共同体を構成する諸々の部分が全体に対して当然与えるべきものを確定することは極めて困難であると言わざるをえない。

これに対して、共同体を構成する諸々の部分たる市民が共同体の全体に対して当然与えるべきものは明白であり、たとえば日本国憲法第三〇条に記されている国民の義務としての納税の義務はその一つではないか、と反論されるならば、納税の義務として確定されているものは法の存在を前提とする交換正義に属するのであって、ここでの問題はそれ以前の段階、つまり法が正しく制定されることを可能にする正義であることに注意をうながしたい。つまり、国民の義務は、国という共同体が成立し、活動を営み、発展するために必要不可欠な事柄、および望ましい諸条件とは何であるか――それが共通善の内容である――が明確になった上で、そのような事柄や諸条件の実現に向けて制定される法によって規定される。これに対して法的正義はそのように法が実現をめざすべき共通善の明確な認識と追求を可能にするような市民的徳なのである。

そのような市民的徳としての法的正義は、市民が自らの私的な利害よりも共同体全体の福祉に、より大きな関心を寄せ、常に共通善を私的善に優先させる心構えを前提とするものであり、その意味でそれは厳格な意味での「正義」というよりは、むしろ正義を超える愛であり、共通善「愛」と呼ぶのがふさわしいのではないか。さきにトマスの法的正義の理解を妨げる最大の問題は、それを果たして「正義」と呼べるのか、ということである、と述べたのはそのような意味においてであった。

ところで、この問題は、アリストテレスが（交換正義や配分正義よりもより普遍的な）正義はすべての徳を包括している、と述べたときに始まっており、そのような普遍的な正義（トマスの言う法的正義）概念を支持した最後の思想家であるライプニッツ（Gottfried Wilhelm Leibniz 一六四六―一七一六）もこの問題に直面していた。[30]「もし正義が消滅するならば、人間たちがこの地上で生きてあることは、もはや何らの価値もない」と言い切るほど正義の厳格な実現を要求したカントにおいては、このような正義概念はまったく姿を消し、残ったのは報復もしくは刑罰的正義としての交換正義のみであった。[31]

ライプニッツは、正義には交換的、配分的、普遍的の三段階があると主張して、「普遍的正義」（justitia universalis）と呼ばれる正義の最高の段階は、すべての徳の総体であり、それは「賢者の愛」（caritas sapientis）と呼ぶのがふさわしい、と述べている。[32] このように正義の最高の段階はすべての徳を包括する徳であって、それは正義の究極にあるものとして愛（caritas）との親近性を示すと主張することは、正義の概念を曖昧《あいまい》にするものであり、社会秩序の基本原理としての正義を破壊するおそれがあるとして批判されたこともある。

たしかに正義の実現を怠って、愛をその代用品として利用することは許されない。しかし、これまで見てきたように、正義の徹底的な追求が「最高の正義は最高の不正」という結果に終わらないためには、正義の実現のための規準・規則である法ができるかぎり真の共通善という目的に向けて制定されるよう、立法者のみでなく、すべての市民が真の共通善を認識し、追求しうるような徳を、それこそ生涯をかけて身につけようとする努力が必要である。そして、このような徳こそ法的正義にほかならないのであってみれば、それが愛(caritas)との親近性を示すという問題点についても、一考の余地があるのではないか。

トマス自身、政治共同体の共通善を対象とする法的正義は、善き市民の徳であり、それは神の直観とその悦びを共有する至福なる社会の成員の徳である愛(caritas)と類似している、と言明している。[33] 善い市民の徳と、福音書が伝える神そのものである愛《アガペー》との間の類似性を認めることは、或る人々にとってはそれこそ冒瀆《ぼうとく》の言と受けとられるかもしれない。しかし、トマスの政治哲学においては、それらは区別されつつも分離されることなく、統合されていたのであり、共通善を中心概念とする彼の政治哲学の全体を支えていたのはそのような神学的統合であった、と言えるのではないか。

おわりに――「トマス主義者」ではないトマス

『神学大全』を一冊の書物として読むと、過去にこの書物に与えられてきた様々の讃辞あるいは極文句《きまりもんく》からは推測できない、著者トマス自身が伝えようとしたメッセージを聞きとることができるのではないか、そしてそのメッセージとは限りない知の探究への呼びかけではなかったか、というのが本書で私が言おうとしたことでした。ところでこのメッセージは、それの発信者であるトマス自身が生涯を通じて行った知の探究がわれわれの関心を引きつけ、共感を呼ぶようなものでなかったならば、空々しいかけ声として聞き流し、無視してもよかったでしょう。しかし、私はトマスの探究は、一三世紀の福音的修道者の生き方を反映するものではありつつも、根本的にはすべての人間に共通の普遍的な知の探究であり、しかも近代思想の影響下に生きるわれわれが、操作や処理に便利な知の段階で探究を完結させようとする傾向があるのに対して、言語が一義的な明晰《めいせき》さを失う限界を超えてまで探究を徹底させるものである、と理解しました。その意味で徹底的な探究の書である『神学大全』は、こんにちのわれわれにひとつの挑戦をつきつける「挑戦の書」と言ってもよいのではないか、と考えたのです。

ここで「知の探究」というのは、アリストテレスが『形而上学』の冒頭で、「すべての人間は、生まれつき、知ることを欲する」と述べているもののことですが、「生まれつき＝本性的に」ということは、人間の自然本性にうながされて、それの完全な実現へ向けてということであり、われわれの知の探究は根本的に人間の究極目的、すなわち幸福をめざすものだ、ということです。トマス自身、彼が神学の分野で行った知の探究を何か特殊な目的、たとえば壮大な知的建造物の構築へ向けられた活動としてではなく、まさしく自らの究極目的をめざす人間の生の営みそのものとして捉えていたことは、彼がそれを「知恵の探究」(studium sapientiae) と呼んで次のような讃美の言葉を連ねていることからもあきらかかと思われます。

あらゆる人間の営みのなかで、知恵の探究は最も完全、最も高貴、最も有益であって、最も大きな悦びを与える。

それが最も完全であるのは、人が知恵の探究に専念するかぎりにおいて、ここ地上の生においてすでに真の幸福をなにほどか実現するからである。このゆえに賢者は「知恵のうちにとどまる者は幸いなり」(『集会書』第一四章第二〇節) と述べている。

それが最も高貴であるのは、この探究を通じて人は、「万物を知恵もて創った」(『詩篇』第一〇四章第二四節) 神への類似にとくに近づくからである。ところで、類似は愛を呼び起こすものであるから、知恵の探究はとくに人間を神へと、友愛の絆《きずな》をもって結びつける。このため、知恵について「それは人々にとって限りない財宝であり、それを善用する者は神の友となる」(『知恵の書』第七章第一四節)と言われている。それが最も有益であるのは、知恵の道を経てわれわれは永生の王国に行きつくからである。というのも、「知恵への望みは終わりなき王国へ導く」(『知恵の書』第六章第二〇節)と言われているからである。

それが最も大きな悦びを与えるというのは、「(知恵との)対話は苦さをふくまず、また知恵との交わりは何らの倦怠も引き起こさず、ただ悦びと歓喜を与える」(『知恵の書』第八章第一六節)ものだからである。[1]

しかし、トマスが『神学大全』で行った知の探究は、生まれつき知ることを欲する人間の本性にもとづくもので、普遍的なものだと言っても、現実にそれは神を知ることへと方向づけられた探究であり、しかもキリストへの信仰によって支えられ、導かれる探究であってみれば、何かわれわれとは探究の「場」が違うのではないか、と感じる読者が多いかもしれません。この疑念を一挙に吹きはらって、トマスが生涯をかけて行った知の探究が普遍的なものであることを説得的に解明することは容易ではありませんが、次のことだけは言えると思います。それは本文のなかでも何度か述べたことですが、トマスにとって、人間「である」ということは、人間を超える、しかも無限に超える、という意味をふくんでおり、そのように人間を無限に超えてゆくことによってのみ、人間「である」ことを実現できる、ということは彼の思考にとっての根本的な前提だった、ということです。その意味で人間は旅する者、途上にある者であり、神は旅する者が最終的にたどりつくことをめざす、未知ではあるが悦びと憩いへの希望をかきたててくれる目的地なのです。そして、人間を根源的に旅する者として理解し、人間の生を人間を超える何かへ向かう探究の旅として捉えることは、「日本的霊性」[2]の卓越した開拓者である道元《どうげん》や親鸞《しんらん》についてもそのままあてはまるのではないでしょうか。

日本的霊性に触れたついでに指摘しておきたいのは、これまでわが国の伝統的な霊性あるいは宗教思想の特徴として、現象界と絶対者との同一視、言いかえると超越的な絶対者を認めない徹底した内在主義が強調されてきたと思いますが、[3]このような解釈はおそらく（西洋の）近代思想の影響の下に形成されたものであり、もしわれわれが（たとえばトマスの思想に親しむことによって）近代思想の枠組みから解放された目でわが国の伝統的な宗教思想をふりかえったならば、まったく別の解釈が生まれるのではないか、ということです。私がこのように考えるようになった理由の一つは、西田幾多郎《にしだきたろう》の著作を年代順に読んでいたとき、『善の研究』においては（神による宇宙の）創造という考え方に対して否定的な立場をとっていたのに、後の著作では（おそらく思索の深まりにともなって、神の超越性がより深い意味で明確に理解されることによって）創造の概念に対してより積極的な評価を示すようになってくることに驚いたことです。[4]西田は近代文化が超越の必要性を忘れて、神から離れて文化的営みを追求したことを鋭く批判していますが、[5]このことは、人間は自己を完全に否定することを通じて、神へ向かっての自己超越をなしとげることによって、真に人間「である」

ことを実現するのだ、ということの肯定と見ることができるでしょう。

もう一つの理由は、禅仏教を深く究める宗教哲学者のなかで、エックハルト（Meister Eckhart　一二六〇頃—一三二八）の思想に関心をよせ、優れた研究を行う動きが見られるということです。エックハルトの根本思想はけっして「脱西洋的」ではなく、むしろ同じドミニコ会の先輩神学者トマスの知的遺産を最も豊かに継承したものでしたから、もしトマスの神学が「トマス主義」的にではなく、トマスが実際に行った知の探究にもとづいて研究されたならば、エックハルトに向けられている関心がそのままトマスに向けられても不思議ではありません。

「トマス主義」という言葉を使いましたが、トマス自身は「トマス主義者」ではないのです。私自身「トマス主義」について書いたことがあり、「トマス主義者」のなかに数えられても構わないのですが——『トマス主義者のスペクトル』[6]という広く読まれた解説書が出たくらい、「トマス主義者」の立場は多様ですから——トマスを「トマス主義者」という党派の頭であるかのように思いこんで、その教説をイデオロギーなみに弁護したり、あるいは逆にそうした党派への反感からして頭から拒否することは悲劇的な誤りだと思うのです。

いま、この書物を書き終えた私の心に浮かぶのは、どの程度まで「トマス主義者」ではないトマスを描きだすことができたのだろうか、という思いです。「トマス主義者」ではないトマスは、神学者あるいは哲学者として独創的な研究を行っており、研究者にとって興味深い、知的刺激に満ちた研究対象であることは間違いありません。しかし、そのような研究という枠を越えて、彼の著作、とくに『神学大全』は、われわれが人間として、人間「である」ことをどう生きるかという問題（私はそれを霊性の問題と呼ぶことができると思うのですが）に関心を抱くすべての人にとって、おそらく道元や親鸞の書物と同じように、頼りがいのある道づれになることができるのではないかと思います。

註

第一章

1 アーウィン・パノフスキー『ゴシック建築とスコラ学』前川道郎訳、平凡社、一九八七年を参照。
2 トマスの著作については、拙著『トマス・アクィナス』講談社学術文庫、一九九九年を参照。
3 この問題については次を参照。拙著『トマス・アクィナス』清水書院、二〇〇六年、一一六ページ以下。
4 参照。拙著『神学的言語の研究』創文社、二〇〇〇年。
5 『神学大全』第一部第一問題第七項（以下、*S.T.*, I, 1, 7. と略記）。
6 *Ibid.*, I, 2, Prologus.
7 *Ibid.*, 1, 7.
8 「神の知」とは、われわれが神について有する知（識）という意味ではなく、神自身が有する知であり、より厳密に言えば、神においては知るという働きは神の存在そのものである。*Ibid.*, 14, 4.
9 *Ibid.*, 1, 8, ad 2.
10 *Ibid.*, 1, 2.
11 B. Russell, *History of Western Philisophy*, London, 1946, p.485.
12 パースは自らを「スコラ的実在論者」と呼び、信仰の真理を哲学的探究の基準として認めたスコラ学者たちの探究方法は現代の科学者と類似しており、こうした規準を認めない現代哲学者たちを「知的遊牧民・放浪者」と評している。拙著『講義・経験主義と経験』知泉書館、二〇〇八年、第四章「パースにおける経験主義と形而上学」一二六ページ。

13 M. Grabmann, *Einführung in die Summa Theologiae des hl. Thomas von Aquin*, Freiburg, Herder, 1919.

14 神を「問題」と見なすことは、それ自体説明を必要とする問題である。拙著『問題としての神』創文社、二〇〇二年。

15 この用語の意味については第三章に詳細な説明がある。

第二章

1 *S.T.*, I, 1, 5.

2 *Ibid.*, 2, 1, ad 1.

3 *Ibid.*, 2, 1.

4 Paul Tillich, *Systematic Theology*, University of Chicago Press, 1967, p.85.

5 アンセルムス『プロスロギオン』『アンセルムス全集』古田暁訳、聖文舎、一九八〇年、一四五―一七九ページ。

6 『第一原理についての論考』『中世思想原典集成』18、小川量子訳、平凡社、一九九八年。

7 *S.T.*, I, 2, 2.

8 *Ibid.*, 2, 1.

9 *Ibid.*

10 *Ibid.*, 2, 3.

11 アリストテレス『形而上学』980 a 22.

12 *S.T.*, I, 2, 1.
13 *Ibid.*, 3, Prologus.
14 *Ibid.*, 11, 3.
15 *Ibid.*
16 *Ibid.*, 12, 13, ad 1.
17 『神名論註解』*In Divinis Nominibus*, 7, 4, 731.
18 『定期討論集・神の能力について』*Quaestiones Disputatae De Potentia Dei*, 7, 5, ad 14.
19 参照。第六章。

第三章

1 C. G. Jung, "A Psychological Approach to the Dogma of the Trinity", *Collected Works*, XI, pp.109-200.
2 Boethius, *Contra Eutychen et Nestorium* (*De Duabus Naturis*), Ⅲ.
3 É. Gilson, *Le Thomisme*, J. Vrin, 1972, pp.99-112.
4 この二つの命題はトマスの著作のうちに屢々見出される。
5 George Berkeley, *A Treatise Concerning the Principles of Human Knowledge* (1710), The Library of Liberal Arts, ed., 1957, p.24.
6 この命題に関しては、拙著『抽象と直観』創文社、一九九〇年を参照。
7 *S.T.*, I, 32, 1, ad 3.
8 *Ibid.*
9 *Ibid.*, 3, 7.

10　*Ibid.*, 11, 4.
11　*Ibid.*, 32, 1.
12　*Ibid.*, 27, 1.
13　*Ibid.*
14　*Ibid.*, 28, 3.
15　*Ibid.*, 29, 3.
16　*Ibid.*, 29, 4.
17　*S.T.*, Ⅲ, 1, 1.
18　*Ibid.*

第四章

1　『神学大全』第一部第四四問題から最後の第一一九問題まで、広い意味での創造の考察が為されているが、創造の概念が集中的に論じられるのは第四四―四六問題においてである。

2　これら三つの段階をトマス自身が明確に区別しているわけではないが、トマスの「創造」概念を正確に理解するためにはこの区別が必要である。

3　I. Kant, *Kritik der reinen Vernunft*, B 637-8.

4　*Ibid.*, B 626.

5　George Berkeley, *A Treatise Concerning the Principles of Human Knowledge* (1710), The Library of Liberal Arts, ed., 1957, p.24.

6　*S.T.*, I, 44, 2; *Quaestiones Disputatae De Potentia Dei*, 3, 5.

7　「存在するもの」を意味するラテン語 ens と、「存在する」という現実性・働きを意味するラテン語 esse

に、同じ「存在」という訳語をあてた。

8 ウィトゲンシュタイン『論理哲学論考』7。

9 トマスによって拓かれた新しい存在論的地平については第三章で「ペルソナ的存在論」あるいは「アガペーの存在論」として考察した。

10 参照。拙稿「日本思想と超越の問題」『東洋学術研究』一四巻、二号、一九七五年。

11 *S.T.*, I, 45, 2, ad 4.

12 *Ibid.* 45, 3.

13 *Ibid.* 45, 3, ad 3.

14 *Q.D. De Potentia*, 3, 3.

15 Bonaventura, *Commentaria in IV Libros Sententiarum*, I, 1, 1, 2.

16 *De Aeternitate Mundi*, 9.

17 *S.T.*, I, 45, 1.

18 *Ibid.*, 32, 1.

19 *Ibid.*, 32, 1, ad 3.

20 *Ibid.*

21 *Ibid.*, 45, 6.

22 *Ibid.*

23 *Ibid.*

24 *Ibid.*, 45, 7, ad 3.

25 Augustinus, *Sermo 169*, 11, PL 38, 923.

26 Blaise Pascal, *Pensées*, Brunschvicg ed., 60, 347, 397, 409, 416.

第五章

1 Augustinus, *De Libero Arbitrio* (395).

2 *Ibid.*, I, ii, 4.

3 *Ibid.*, II, xx, 54.

4 Augustinus, *Soliloquia*, I, 2.

5 *S.T.*, I, 48, 2, ad 3.

6 *Ibid.*, 49, 1.

7 原因するとは何らかの新しい存在を与えること。Aristoteles, *Metaphysica*, V, a 25〜.

8 *S.T.*, I, 49, 1.

9 *Ibid.*, 49, 2.

10 *Ibid.*, 48, 2, ad 3.

11 *Ibid.*, 49, 3.

12 *Ibid.*, 83, 1, ad 3.

13 Augustinus, *De Libero Arbitrio*, III, 17, 47-48; 50.

14 *S.T.*, I, 49, 1; 2; とくに *De Malo*, I, 3.

15 つまり、いかなるものもそれが現実に存在するかぎりにおいて働きを為す、つまり「原因」である、と言われる場合の原因。

16 それはあくまで「善」として現れている。

17 *S.T.*, I, 49, 1; 2; *De Malo*, I, 3.

18 *De Malo*, I, 3.

19 *Ibid.*
20 *Ibid.*
21 *Summa Contra Gentiles*, Ⅲ, 71.
22 *S.T.*, Ⅱ-Ⅰ, 71, 6.
23 *Ibid.*, 84, 2, ad 2.
24 一般に神学的議論がそうであるように。
25 *S.T.*, Ⅲ, 86, 2.
26 Martin Luther, *Epistola ad Romanos. Die Scholien*, WA 56, 272.
27 三九五年、四一歳のときに発表した『自由意思論』が様々の批判を受け、とくにペラギウス派との論争のなかで自由意思と神の恩寵との関わりをあきらかにする必要に迫られ、四一三年（五九歳）に『自然と恩寵』、四二六年（七二歳）に『恩寵と自由意思』を著作した。
28 Bernardus, *De Gratia et de Libero Arbitrio*, I, 1～2.
29 *S.T.*, Ⅱ-Ⅰ, 85, 2. cf. 84, 2; 85, 2, ad 3.
30 *S.T.*, I, 1, 8, ad 2; 2, 2, ad 1.
31 *S.T.*, Ⅱ-Ⅰ, prologus.
32 *S.T.*, Ⅲ, 86, 6, ad 1.

第六章

1 *S.T.*, I, 19, 10; 82, 1; 2; 83, 2. et passim.
2 *S.T.*, Ⅱ-Ⅰ, 1, 7.
3 *Ibid.*, 5, 8.

4 *Ibid.*, 1, 7.
5 *Ibid.*, 1, 5.
6 事実と価値、あるいは「存在」(Sein) と「当為」(Sollen) は二つのまったく異なったカテゴリーであると主張し、これらを混同したり、一方から他方へと論を進めることを厳しく批判する立場。
7 *S.T.*, Ⅱ-Ⅰ, 4, 4.
8 *Ibid.*, 5, 1.
9 *Ibid.*, 5, 3.
10 *S.T.*, Ⅱ-Ⅰ, 5, 1; cf. 2, 8; Ⅰ, 82, 2, ad 2.
11 *S.T.*, Ⅰ, 7, 2, ad 2; 76, 5, ad 4; 86, 2, ad 4.
12 *Ibid.*, 12, 5; 6.
13 *S.T.*, Ⅲ, 2, 1, ad 3.
14 *S.T.*, Ⅰ, 12, 4, ad 3; Ⅱ-Ⅰ, 109, 5, ad 3.
15 *Ibid.*, 12, 9.
16 *S.T.*, Ⅱ-Ⅰ, 110, 4; Ⅲ, 3, 4, ad 3; 62, 1.
17 Jacques Maritain, *La Philosophie Morale*, Œuvres Complètes, Vol.XI, 1991, pp.369-388; Alan Donegan, *Human Ends and Human Actions*, Aquinas Lectures, 1985, p.35; John Finnis, *Natural Law and Natural Rights*, Oxford, 1980, pp.85-90.
18 厳密には外的原理としての神——法と恩寵。
19 *S.T.*, Ⅱ-Ⅰ, 3, 5; 3, 2.
20 *S.T.*, Ⅰ, 12, 6.
21 *S.T.*, Ⅱ-Ⅰ, 5, 3.

22 *Ibid.*
23 九鬼周造『人間と実存』岩波書店、一九六七年、一〇三ページ。
24 *S.T.*, II-I, 5, 5.
25 Blaise Pascal, *Pensées*, Brunschvicg ed., 434.

第七章

1 Aristoteles, *Politica*, 1281 a 11〜.
2 Cicero, *De Re Publica*, I xxv, 39.
3 *Ibid.*, III, xxii, 33.
4 *Politica*, 1253 a 3.
5 参照。拙稿「トマス・アクィナスの社会思想—共通善概念を中心に—」『中世の社会思想』創文社、一九九六年。
6 T. Hobbes, *Leviathan* (1651), Blackwell, Oxford, 1960, P. I, ch.13, p.82.
7 参照。前掲拙稿。
8 *Ibid.*
9 *Ibid.*
10 *Ibid.*
11 *Ibid.*
12 *Ibid.*
13 参照。拙著『トマス・アクィナスの共通善思想』有斐閣、一九六七年。
14 ほとんど唯一の例外は、*S.T.*, II-II, 186, 9, ad 2.

15 *S.T.*, II-I, 90, prologus.
16 *S.T.*, II-I, 17, 1.
17 *Ibid.*, 90, 1, ad 3.
18 *Ibid.*, 91, 2.
19 *Ibid.*, 94, 2.
20 トマスの自然法概念についての簡潔で適切な解説として次を参照。A・P・ダントレーヴ『自然法』久保正幡訳、岩波書店、一九五二年。
21 *S.T.*, II-I, 95, 2.
22 *Ibid.*, 90, 2.
23 参照。前掲拙著。
24 拙著『トマス・アクィナスの共通善思想』では、とくにこのことをあきらかにしようと試みた。
25 『学説彙纂』(Digesta) I, 1.
26 キケロ『義務について』I, 33.
27 参照。拙著『法的正義の理論』成文堂、一九七二年。
28 アリストテレス『ニコマコス倫理学』1129 b 27-30.
29 プラトン『国家』338 c〜.
30 前掲拙著『法的正義の理論』一九四―二〇四ページ。
31 *Ibid.*, 二〇五ページ。
32 *Ibid.*, 一九七ページ。
33 *Quaestio Disputata De Caritate*, 2.

おわりに

1 *Summa Contra Gentiles*, I, 2.
2 鈴木大拙『日本的霊性』岩波文庫、一九七二年を参照。
3 拙稿「日本思想と超越の問題」『東洋学術研究』一四巻、二号、一九七五年。
4 *Ibid.*
5 *Ibid.*
6 Helen James John, *The Thomist Spectrum*, Fordham University Press, 1966.

あとがき

この書物はひとつの挑戦から始まった。一昨年五月、大村湾を一望に収める「恵みの丘」山上の大学研究室に現れた編集部の山崎さんは、一般読者が『神学大全』はわれわれが今こそ読むべき書物であり、それなりに十分面白そうだ、と納得するような本を書きませんか、と提案された。この提案は大いに魅力的に響き、すぐ引き受ける気になったのだが、同時に、読者の関心と共感をこの書物に向けて呼びさますためにはいったいどう書いたらよいのか、と考え出すと、私が直面している課題の重みをひしひしと感じざるをえなかった。その意味でこの提案はひとつの「挑戦」として私に迫ったのである。

ちょうど、その秋の中世哲学会の公開講演を引き受けていたことが著述の構想をまとめるためのよい機会となり、「『神学大全』の挑戦」と題して行った講演にたいする反響も積極的で勇気づけられるものであったので、この講演のテーマを展開していけばよい、という見通しが開かれた。そして、実際にこのテーマを展開する機会が与えられたのは、何度か招きに応じて訪れた伊万里の厳律シトー会（トラピスティン）「伊万里の聖母修道院」でシスターたちを聴講者として行った『神学大全』の解説講義においてであった。シスターたちの質問やコメントは、言葉は素朴ながら、新鮮で驚きを呼びおこす洞察をふくんでおり、私自身トマスを読み直すきっかけをつかむことが多かった。

「『神学大全』の挑戦」という題を掲げたが、取り扱った問題は『神学大全』の第一部と第二部からとったものであり、第三部（キリスト論）には直接に触れていない。その理由はもっぱら私の勉強不足であって、十年ほど前から翻訳の仕事のためにあらためて第三部を念入りに読み始め、トマスの議論や立場というよりは、トマス自身の生の声を聞きとっているような気がして、『神学大全《スンマ》』をどう読むかについても新たな視界が開かれたことは確かである。しかし、トマスのキリスト論自体が、こんにちわれわれがおし進めるべき知的探究にたいしてつきつけている挑戦について明確に語る準備はまだできていない。このあと、もしそのような仕事をすこしでも先に進めることができたら幸いである。

二〇〇九年九月

稲垣良典

学術文庫版あとがき

一〇年前に講談社選書メチエとして出版されたこの書物がこの度学術文庫に加えられたことは、研究者として仕事するように心掛ている私にとって大きな名誉であり励ましであった。選書メチエ版の執筆時期は「『神学大全』第三部は私が独りで翻訳する」と決意しておられた山田晶先生から急に第一六問題以降の翻訳を任せられ、毎朝決まった時間を訳業に充てていた頃である。この仕事を通じて私は実に重大なことを学んだ。それは『神学大全』のキリスト論はその全体が「神がわれわれの救いのために人間になり給うた」受肉の神秘に基づいて展開されている点で、一二世紀から一三世紀に至るスコラ神学者たちのキリスト論とは明白に異なる独創性を示すものだったことである。言いかえると、トマスのキリスト論は信仰のみによって（sola fide）受容された受肉の神秘の知的探求であり、その全体が「信仰の知解」（intellectus fidei）、つまり純粋に神学的な営為であった。

私がここで神学者トマスの「信仰のみ」の立場に触れたのは、所謂「宗教改革《レフオルマテイオ》」以来、改革指導者たちのみでなく反・改革論者の間でも誤解に曝《さら》され、トリエント公会議が正統教義の弁護者に祭り上げた後のトマスは、『神学大全』そのものから読み取りうるものからはかなり隔たったものではないかと危惧するからである。仮に『神学大全』のトマスその人が改革指導者たちと対話したのであれば論争や教会分裂ではなく、建設的な教会改革への道が開かれたのではないか。これが全くの幻想ではないと私が考えるのはひとつのエピソードの故にである。一九八五年秋の日本基督教学会で「トマスの信仰概念について」と題して行なった公開講演を終えて会場を出ようとする私を呼びとめた学会の重鎮教授が「稲垣さん、カトリックの《信仰》理解が今日の講演通りのものであったとしたら、僕たちはなぜ宗教改革のようなことをやったのでしょうね」と語りかけられた。私は「本当に、どうしておやりになったのでしょうね」と口籠《ご》もるほかなかったのであった。

マ行

ヤ行

ラ行

タ行

ナ行

ハ行

索引

ア行

カ行

KODANSHA

本書の原本は、二〇〇九年に講談社選書メチエより刊行されました。

稲垣良典（いながき　りょうすけ）

1928年生まれ。東京大学文学部卒業。アメリカ・カトリック大学大学院哲学研究科にてPh.D.を取得。文学博士（東京大学）。九州大学名誉教授。専門は中世スコラ哲学。『神学大全』翻訳で第67回毎日出版文化賞，『トマス・アクィナスの神学』および『トマス・アクィナス「存在《エッセ》」の形而上学』で第27回和辻哲郎文化賞をそれぞれ受賞。2022年逝去。

講談社学術文庫

定価はカバーに表示してあります。

トマス・アクィナス
『神学大全《しんがくたいぜん》』

稲垣良典《いながきりょうすけ》

2019年11月11日　第1刷発行
2025年2月12日　第4刷発行

発行者　篠木和久
発行所　株式会社講談社
東京都文京区音羽2-12-21 〒112-8001
電話　編集（03）5395-3512
販売（03）5395-5817
業務（03）5395-3615

装　幀　蟹江征治
印　刷　株式会社広済堂ネクスト
製　本　株式会社国宝社
本文データ制作　講談社デジタル製作

ISBN978-4-06-518086-0

「講談社学術文庫」の刊行に当たって

これは、学術をポケットに入れることをモットーとして生まれた文庫である。学術は少年の心を養い、成年の心を満たす。その学術がポケットにはいる形で、万人のものになることは、生涯教育をうたう現代の理想である。

こうした考え方は、学術を巨大な城のように見る世間の常識に反するかもしれない。また、一部の人たちからは、学術の権威をおとすものと非難されるかもしれない。しかし、それはいずれも学術の新しい在り方を解しないものといわざるをえない。

学術は、まず魔術への挑戦から始まった。やがて、いわゆる常識をつぎつぎに改めていった。学術の権威は、幾百年、幾千年にわたる、苦しい戦いの成果である。こうしてきずきあげられた城が、一見して近づきがたいものにうつるのは、そのためである。しかし、学術の権威を、その形の上だけで判断してはならない。その生成のあとをかえりみれば、その根は常に人々の生活の中にあった。学術が大きな力たりうるのはそのためであって、生活をはなれた学術は、どこにもない。

開かれた社会といわれる現代にとって、これはまったく自明である。生活と学術との間に、もし距離があるとすれば、何をおいてもこれを埋めねばならない。もしこの距離が形の上の迷信からきているとすれば、その迷信をうち破らねばならぬ。

学術文庫は、内外の迷信を打破し、学術のために新しい天地をひらく意図をもって生まれた。文庫という小さい形と、学術という壮大な城とが、完全に両立するためには、なおいくらかの時を必要とするであろう。しかし、学術をポケットにした社会が、人間の生活にとってより豊かな社会であることは、たしかである。そうした社会の実現のために、文庫の世界に新しいジャンルを加えることができれば幸いである。

一九七六年六月

野間省一